L'évangile d'Amma

AVANT PROPO P C K Prem
OEUVRE D'ART Niloufer Wadia
CONCEPT Meera Chowdhry

Poésie **Rajender Krishan**
Traduit par **Dr. Satish Béndigiri**

L'Évangile d'Amma

AVANT PROPO : P.C.K. Prem

ART: Niloufer Wadia

CONCEPT: Meera Chowdhry

POÉSIE : Rajender Krishan

TRADUIT PAR : Dr Satish Béndigiri.

Éditeur : Setu Publications, Pittsburgh

L'Évangile d'Amma

Par Rajender Krishan Chowdhry
Traduit par Dr Satish Béndigiri

Setu Publications
* Pittsburgh, PA (USA) *

© Rajender Krishan Chowdhry,
NY 11364, USA; rk@boloji.net

Toutes les illustrations de ce livre
© Niloufer Wadia, Pune, Inde.

Tous droits réservés. Aucune partie de cet ouvrage ne peut être reproduite, traduite, enregistrée, stockée, transmise ou affichée sous quelque forme que ce soit, par des moyens électroniques, mécaniques ou autres, sans l'autorisation écrite préalable de l'auteur, titulaire du droit d'auteur, sauf pour de brèves citations dans le cadre de critiques littéraires, ou tel qu'autorisé par la loi applicable. Toute citation doit mentionner la source.

Nous serions heureux de recevoir toute correspondance électronique concernant cette publication ou des sujets connexes à l'adresse suivante : setuedii@gmail.com
.
ISBN-13 (broché) : 978-1-947403-30-7

Distribué dans le commerce du livre à l'échelle mondiale par Setu Publications, USA

Setu Literary Publications, Pittsburgh, USA

Pour

Isha, Jiya,
Siddharth et Samarth

Avec tout l'amour et l'affection de leur grand-père

À propos du livre

L'Évangile d'Amma n'est pas seulement un médium d'illumination, mais aussi l'expression d'un fondement civilisationnel et culturel que le poète souhaite transmettre ; il élève ainsi un édifice lyrique pour le confirmer.

Rajender Krishan tente de saisir l'esprit d'une époque à travers les yeux, les paroles et les conseils innocents mais empreints de sagesse pratique et de clairvoyance de la vieille mère – Amma ji. Il s'agit des appartenances indistinctes de l'homme – religieuses, sociales et intellectuelles – ainsi que des servitudes humaines rattachées à des sphères mentales et rationnelles distinctes, où la vieille femme pénètre souvent pour offrir un discours fait de fragments de jugement, entrecoupés de sérieuses réflexions isolées sur la véritable valeur de l'homme, dans la création d'un monde de paix et d'harmonie, avec une attitude d'abandon total de l'ego à l'humilité.

La mère n'est jamais un individu, mais un symbole collectif d'harmonie et de sororité. Elle est l'essence même de la patience, de la tolérance et de l'amour pour l'humanité et, peut-être, en fin de compte, se tient devant chacun pour dire qu'aimer l'homme, c'est aimer « le soi et l'humanité » ; c'est donc une aspiration retenue, mais si évidente, à instaurer la paix et l'harmonie en une époque qui n'est pas des plus saines.

Table des matières

Avant Propo par P C K Prem	11
Remerciements	29
Préface	31
Quelques mots du traducteur	33
Aperçus	177

Liste des poèmes

Om	37
Namaste	39
Amma ji	41
Salutations	45
Leela	49
L'Évangile d'Amma	53
Pourquoi prier ?	57
Cyclique	61
Quête	65
Mot	69
Amma	73
Prendre soin	77
Guérison	81
Lien	85
Estime	87
Maturité	89
Compassion	91
Destination	93
Équilibre	97
Shiva	99

Patience	101
Aujourd'hui	103
Le Présent	105
Maintenant	109
Imprévisible	113
Gurdwara	115
Marches	119
Dévotion	123
Nature	127
Le Mystique	131
L'Impetus	135
La Vie	137
Transitoire	141
Fais-le	143
Indépendance	145
Observation	147
Māyā	151
Feuille	153
Détachement	157
Paradis et Enfer	161
Culpabilité	163
Répudiation	165
Réflexion	167
But	173
Renoncement	175

AVANT PROPO

« Om » est un son sacré et spirituel reconnu comme la vibration de l'univers. Om, l'essence de la réalité ultime, unit toutes les créations existantes dans le monde. Son insigne et son écho apaisent les pensées troublantes et transmettent l'importance de l'amour et de l'unité cosmiques. En explorant profondément, il symbolise « Atman, l'âme, le soi », Brahma, la Réalité Ultime. Il parle du principe extraterrestre de l'existence et de la sagesse, même lorsque le « salut » est le début le plus pertinent de ces paroles réconfortantes aux valeurs intemporelles qui mènent au cœur et à l'esprit d'Amma, le fondement éternel de l'amour et de l'inspiration.

Om
Énergie primordiale
Le son du silence

Om
Le seul verset
Se manifestant éternellement
L'Univers

D'un voyage mystifiant mais évocateur vers l'« intérieur » de l'homme à travers l'incantation d'« Om » et le salut à l'« homme intérieur », c'est une croisière émouvante et nostalgique vers un passé insondé. La méditation sur « Om » est une aspiration solennelle à jouir de la vie dans le pays de Brahma.

Le poète, avec une psyché angoissée, évoque les jours de la partition malheureuse (Inde, 1947) où beaucoup ont perdu leur patrie et sont devenus réfugiés. Il est redevable à la sagesse instinctive, à la patience et à la force d'« Amma ji », qui implore simplement les bénédictions du Seigneur et prie, mais feint l'ignorance pour que les enfants ne ressentent pas de chagrin. Cela semble délibéré afin que les enfants ne perçoivent pas un esprit troublé, car la sécurité de la lignée est très importante pour la vieille femme. Amma – symbole d'endurance et de résilience – exprime toujours une gratitude silencieuse envers Lui… pour avoir sauvé la vie de tout le clan.

Je ne sais pas ,
mais en posant la main sur sa poitrine,
elle affirmait avec confiance :
« Celui qui est toujours avec moi,
N'aie aucun doute, Celui-là sait. »

L'histoire de l'humanité en détresse révèle les adversités de l'homme au milieu de souffrances et d'incertitudes généralisées, dit-il subtilement. Peut-être que pour beaucoup de survivants, cela ressuscite un chapitre menaçant de la vie de l'humanité qu'ils ne veulent jamais revisiter, mais qu'ils continuent involontairement à parcourir, se sentant sceptiques ou amers.

Connaître l'esprit du « Namaste » ou des mains jointes – Salutations, c'est « Salutations à Celui qui imprègne tout le Cosmos », une manière indienne de saluer, de reconnaître et de témoigner de l'obeissance et de la révérence, non seulement envers l'homme, mais aussi en reconnaissance de la présence du Seigneur en chacun, un signe d'humilité et de cordialité.

Transmettre la gratitude
Avec une attitude plaisante
Vous ne faites pas que saluer
Au Témoin
Qui imprègne tout.

« Simran » indique « garder à l'esprit la Vérité Suprême, la Personne spirituelle du soi », que l'homme néglige souvent. C'est un hommage à la force intérieure – indicative du pouvoir spirituel, car l'Esprit Suprême, la Personne Ancienne, vit en chacun. Le poète, en lui, rappelle non seulement la puissance illusoire – Maya (Leela) – du Suprême, qui réside dans le cœur de chacun, mais dit aussi à l'homme que s'il chérit l'Esprit Éternel, il est plus proche de Dieu. La Leela du Seigneur (les jeux illusoires) est juste pour divertir, puis raviver
la foi des dévots. L'expansion mystérieuse mais évidente dans la situation existentielle est le passe-temps habituel mais certain de l'Absolu, le contrôleur de l'univers, qui s'y adonne pour édifier l'homme.

Qui contrôle

ce phénomène ?
Le Maître Marionnettiste ! ...
toujours à l'intérieur
de la naissance à la mort

Celui qui doit être fidèle à « soi-même » devrait être la voie véritable et sincère pour atteindre l'objectif. La quête sacrée n'impliquera pas « l'homme intérieur » dans un contexte inefficace que la vie chérissait autrefois, car cela se transformerait en un gâchis absolu.

L'hypocrisie et la tromperie
de jouer à des jeux de reproches
font de vous un gadget de l'ego
qui piège et ensorcelle
conduisant à une intégrité frauduleuse
(L'Évangile d'Amma)

La malhonnêteté ne permet pas à l'homme de voir son propre visage, et donc, il échoue à écouter la voix intérieure.

Éviter une perspective rationnelle, même temporairement, permet d'atteindre la sagesse, la santé physique et spirituelle et d'accepter ses erreurs, ce qui équivaut à aspirer à la grâce du Seigneur. Un acte de gratitude, non seulement envers « le soi », qui est parfois le « contrôleur intérieur », mais aussi envers Lui qui existe en tout et reste pourtant à distance, comme s'il n'était pas un participant actif. Vivez la vie telle qu'elle vient, et vous êtes riche. La détermination et la robustesse donnent la force de surmonter les obstacles. Maintenir une bonne santé, la qualité de l'équité, de la droiture et de l'humilité est la grâce du Seigneur. Détestez l'avidité et luttez pour les richesses de l'âme, et vous obtiendrez ce que vous méritez.

« Pourquoi prier – Aimer » est la force motrice principale. « Amma » conseille de modérer ses désirs, ses sentiments et ses paroles, et recommande de rester loin des pensées négatives.

Vous obtenez ce que vous méritez
Seulement quand cela devient dû.

L'homme souligne la vérité éternelle mais évite délibérément de l'accepter, car il est obsessionnel, attaché à la vie mondaine et jouit de son caractère transitoire malgré la sagesse du Seigneur et sa maya – la puissance illusoire (Cyclique). « Naissance, mort et renaissance » ne sont pas entre les mains de l'homme. Prakriti (le mode des trois gunas) et Purusha continuent de guider le destin de l'homme. Sous l'emprise de prakriti, même le Seigneur permet la liberté aux êtres humains de cultiver les gunas sattva, rajas et tamas et ensuite, diriger la providence, et à ce stade, le Seigneur élargit la gamme d'options que l'homme doit choisir.

La grande question du salut hante chaque individu. Cependant, même les écritures ne parviennent pas à satisfaire la quête de l'homme. Pour comprendre le phénomène du cycle de la naissance et de la mort, sachez la distance dans le temps entre les battements de cœur, ce qui est un véritable dilemme défiant la rationalisation.

Les rotations infinitésimales protègent le mystère de la naissance et de la mort qu'un homme intrusif expérimente sans en expliquer le sens embryonnaire. Le mystère de la vie est un spectacle grandiose, connu et pourtant ambigu. La vie est une méditation sur l'inconnu, le Seigneur Suprême qui est proche et pourtant lointain, car comprendre la puissance divine et ses jeux illusoires est complexe. Vous devenez un témoin oculaire et profitez, et à ce moment, des questions perturbent un esprit curieux sur l'énigme que la naissance, la mort et la renaissance sombreront dans l'abîme d'un silence infiniment profond.

Les angoisses de Rajender Krishan étonnent alors qu'il tente de diviser ses multiples régions où chacune se mélange pour déconcerter.

En affrontant une structure psychosomatique chaotique, il va vers Amma ji. En fait, Amma révèle la vérité ultime du Grand Esprit, le Seigneur, la Personne Suprême, le protecteur des êtres vivants et sa puissance illusoire éternelle qui perdure à travers tous les âges et Manvantaras, protégeant ses dévots tout en réprimandant les malfaisants. Amma, dans sa plénitude, son innocence et sa feinte ignorance, parle de l'énergie illusoire toujours fraîche à l'œuvre. Elle assume la figure la plus bienveillante de « mère de l'humanité », ce que l'on commence à réaliser, et ainsi, si le poète immortalise « Amma », c'est pour le bien-être de l'humanité. Au « cycle » mystérieux de la vie, Amma offre un sourire modeste – un réconfort apaisant.

Le cycle de la naissance et de la mort physiques

… Tel est le plan de jeu de Prakriti et Purusha que d'innombrables civilisations sont venues et parties, et l'homme erre encore ici, là, partout, pour comprendre le grand cycle de la Nature. (Cyclique)

La quête éternelle pour trouver l'essence du cycle des naissances et des morts continue. Est-ce le jeu de la puissance illusoire du grand Seigneur ou une main invisible en coulisse ? L'homme échoue et espère encore trouver une résolution au problème de la naissance et de la mort, même si les poursuites intellectuelles se poursuivent imperceptiblement. Qu'est-ce que l'« intelligence cosmique » qui dérange souvent ? La délivrance est la liberté des angoisses de connaître la mort et la vie avant et après la mort.

Personne ne comprend précisément le phénomène numineux malgré la connaissance des Saintes Écritures. Amma est directe lorsqu'elle dit : « Aimez, soyez honnête » et il n'y a « Rien de plus à savoir / Rien à gagner, rien à perdre. » Les arguments seront interminables et, finalement, le concept de « Réalité absolue » persistera comme un mystère à portée de main et pourtant lointain. Le véritable « Silence » d'un esprit instable signifie l'incapacité d'atteindre la Vérité Inconnue, ou cela pourrait être autrement si l'on peut déterminer son intensité et son énormité.

Quel est ce phénomène des naissances et des morts récurrentes dont parlent les Écritures ? Qu'est-ce que le salut ?

Le « Mot » est la clé pour comprendre tout le mystère de la vie, son origine, son objectif et sa destination ultime, seulement alors on en comprend les significations variées et les nuances de connotation. C'est l'entrée principale vers la porte du pays suprêmement divin.

Obtenez la clé pour déverrouiller le potentiel suprême à l'intérieur, qui encapsule l'existence absolue.

« Amma » est l'incarnation de relations de nature variée. Cela procure de la fierté si un enfant dépasse ce que les parents pensent, apprend à pardonner, connaît la réalité ultime – la mort, et attend une nouvelle vie… la délivrance, et suggère modestement de partager le délice de la vie, car la vie est une bénédiction. Ne laissez jamais rien d'amer ou de dur entrer dans la maison, dit-elle souvent discrètement.

La spiritualité d'Amma : Aimez-vous immensément…

Le mysticisme d'Amma : La mort est un sommeil inévitable avec gratitude pour l'aube ultime.

L'âge actuel est difficile, anxieux et redoutable, car le corona rend les vies impressionnantes. Il ne signale que la mort et la destruction (Guérison) avec un espoir fracturé. Dans les moments de crise, un homme va vers Amma avec des envies évidentes pour trouver un réconfort intérieur. Un conseil simple est de faire face à la mort prévisible et aux défis possibles, et de pratiquer la maîtrise de soi lorsque Yama se tient devant vous.

Connaissez et suivez Yam
les sutras de Patanjali
de la maîtrise de soi.

Pour atteindre la « Destination » de la vie, le père est purement un guide, pas l'objectif. L'émulation est possible, mais un effort non naturel ne mène nulle part. Il fait de nouveau allusion à la destination discrète qu'une âme individuelle doit atteindre. C'est fusionner avec l'absolu, la Réalité ultime. C'est un sentiment de silence total et de tranquillité lorsque l'on se sent libéré des chaînes et du bouclier du « soi » appelé corps. On erre librement sans restrictions ni attaches, ce qui est un chemin vers la délivrance finale.

La destination
est toujours l'émancipation

du Soi.

Le père guide sur le bon chemin, mais ce n'est pas le but. Si le chemin est pour la croissance et le progrès, abandonnez l'ancien. L'imposition n'est pas conseillée. Une main secourable d'amour et de motivation compte et est un chemin vers la véritable indépendance. La parentalité change et mène à la destination. C'est un chemin vers la libération du « soi ». Un sentiment de calme et d'assurance sauve de l'embarras et des illusions traumatiques. Ici, « Shiva » est une image d'équilibre dans des situations totalement contrastées, mais il symbolise l'union divine.

Observez la patience avec une humilité totale et de l'amour,
car « le Présent » s'étend en abondance devant vous et imaginez qu'il dessine des marges claires et la flexibilité du Temps, de l'Espace et de la Causalité. C'est un don de Dieu et, par conséquent, l'homme doit vivre ce moment comme une Éternité.

Transcendez les limites ;
éliminez les ombres
et vivez
le Maintenant comme une Éternité…

Au-delà de l'illusion se trouve la réalité, trouvez-la, car de ce côté, vous vivez, et de l'autre côté de l'entrée, réside le Suprême. Débarrassez-vous du monde illusoire, exhorte-t-il, et fusionnez avec la réalité ultime, le Suprême, et ainsi, l'homme sera sur le chemin de la réalisation de soi et de la vérité éternelle. Se dissoudre dans l'infini – l'Énergie Primordiale, la Vérité Suprême est le but. La destination de l'homme est l'intimation d'une quête de la « grandeur oscillante de la vie » et une « énigme engageante » pour rester en tant que chercheur (Imprévisible). C'est l'avenir de l'homme, car cela le mènera à la véritable rédemption – mukti, et ainsi, il connaît l'« Un – Énergie Primordiale – Vérité Suprême. »

Le Guru détruira
votre possession la plus précieuse
– l'Ego
(Gurdwara)

Une personne est vraiment un Karma yogi (Élan), qui écarte les obstacles et agit comme un mécanisme pour motiver et affronter les défis et ainsi surmonter les épreuves. Si l'on examine le schéma de pensée d'Amma, la fermeté pour lutter contre les défis est discernable.

Ceux responsables
de donner des coups de coude…
sont en fait des catalyseurs envoyés par Dieu,
déclenchant régulièrement
les étincelles de la motivation.

Connaître les voies de la vie d'un mystique enseigne l'art de la vie, sa sagesse, sa victoire, son dynamisme et son détachement, et l'atteinte finale – la réalisation.

Impressionnant
est l'expérience
une fois que l'esprit
saisit la proximité

de la destination
(Étapes)

Chaque « étape » qu'un homme fait dans la vie doit être charismatique et majestueuse et doit refléter l'intégrité de l'homme, et elle sera apte à affronter tout défi.

La vie est vide à ce moment et pleine de sens la minute suivante. Si un homme comprend son mystère et l'élasticité éternelle de la transformation, cela donne non seulement de la joie mais mène aussi à une essence remémorée sans connotations philosophiques. La vie cache une énigme dans sa pureté et sa simplicité.
... et
malgré les inférences
La vie – le mystique éternel
avance
avec son propre casse-tête...
de caprices et de variables.
(Vie)

La vérité ultime est l'expérience dans la solitude. Lorsqu'il parle des cinq éléments – la terre, l'eau, le feu, l'air et l'éther, cela pointe vers des poursuites insondables manifestées dans la force vitale qui se désintègre. Rien n'existe sans les éléments, et leur composition est un spectacle transitoire.

Tout ce qui peut être vu et touché n'est qu'une configuration des cinq éléments (Transitoire). Les éléments sont éternels. On peut enterrer ou brûler les formes qu'ils adoptent, mais bientôt, ceux-ci s'effondrent et reviennent à leur forme éternelle originelle. Les fonctions du corps sont périssables, mais les éléments sont durables. Dans la plupart des paroles, un courant philosophique circule, qui parfois est perceptible, puis parle ingénieusement de l'effondrement imminent de la vie. En tant que penseur dévastateur, il va même au-delà, mais un être humain ordinaire pense aux dangers imminents. Chacun, à n'importe quel stade de la vie, trouve des justifications adéquates pour éviter d'affronter le dilemme et probablement cela résulte en une capitalisation de la crise. En fait, la solution au problème est de « Ne parle pas, fais-le » maintenant et ici, défiant les impossibilités.

Se débarrasser de l'avarice enseigne l'art de la vie. Il parle des cinq éléments et confirme la conscience du conflit perpétuellement ordonné et la capacité de rester indépendant, et ainsi, ceux-ci ne mènent à aucune construction durable (Indépendance) mais le « mélange et la fusion » est un processus créatif évocateur.

Se rendre avec toute humilité au Témoin intérieur, le seul Souverain, imperturbable et insouciant comme le concept éternel d'indépendance. Rien n'est solide sur terre. Subir une transformation élève, purifie et enseigne la vie différemment ou c'est une exposition du visage disgracieux de l'humanité (Observation). Seule une perspective rationnelle manque alors que l'exploitation et la tyrannie continuent de « profaner le Jardin d'Éden » au nom d'un Dieu inconnu auquel on croit.

Depuis des temps immémoriaux, cela se produit, même les démons prêchent la moralité sur le champ de bataille et ainsi, les questions séculaires mystifient.

On se demande s'il y a quelque chose de plus honteux connu de l'humanité, outre les instincts cruels et bestiaux ? (Observation)

Dans un effort uni malgré une rupture transitoire, l'homme doit s'imprégner de l'habitude d'efforts soutenus, explorer et ressentir le délice de vivre en unité. En dessous, la pensée de la réflexion inspire même si « l'Exploitation » ouvre les yeux des intellectuels au véritable jeu auquel se livrent les puissants et trompent le public, tout en sermonnant sur la vérité, la justice et la compassion au milieu d'une pauvreté et d'une privation grondantes. Une lutte pour contrôler le temps, l'espace et la causalité continue alors que les questions de « tien et mien », les forces désintégrantes persistent, tandis que le matérialisme semble envahissant, causant violence et haine.

Si les sages appellent la vie une construction de maya – la puissance illusoire de l'Invisible et ignorent « l'éclat primordial », c'est un mirage où la situation de « non-gagnant » persiste, tandis que « Il lutte pour découvrir / La Vérité de "Tien" et "Mien" », qui semble un requis élémentaire.

Prier et adorer, c'est atteindre la paix. C'est une rencontre avec un mystique, qui enseigne l'art de vivre une vie déconnectée (Feuille). Cela rend la vie bonne, mais un homme n'obtient jamais une véritable paix d'esprit, car il sait qu'en fin de compte, la vie n'est rien d'autre qu'un gâchis, une poignée de poussière qui se dissout dans la terre. Néanmoins, la question fixe l'essence intangible, qu'il s'agisse de transformation, de libération ou de ce que vous appelez Nirvana – une vie libre par la suite.

Est-ce la dissolution, la Mort ou la Vie ? Peut-être,

Le chemin que nous cherchons… Nirvana

Le détachement est un état d'esprit lorsque l'on est coupé du monde extérieur. Vraiment, on trouve le monde et le créateur dans « le soi », une image de

Dieu. Les fréquents aperçus du Suprême et l'Évangile d'Amma dans les versets de Rajender Krishan sont la force dans un monde de crise où l'intolérance, la nervosité, la conscience restreinte, l'ennui et l'apathie dominent. La capacité de « se déconnecter » du monde extérieur est une voie vers le pays de la félicité suprême, « Sérénité », comme il l'appelle dans certains versets.

Le détachement est la capacité de s'éteindre…
de toute action et simplement être
avec le soi intérieur…
car le dynamisme karmique doit rester insouciant.

L'expression « dynamisme karmique » avertit l'homme d'être prudent, car les trois gunas – les modes de prakriti lorsqu'ils s'unissent à purusha, déterminent le cours du destin et ainsi, il dit que si les karmas sont authentiques et dépourvus d'intentions pécheresses, l'homme est en paix avec « le soi » et c'est un témoignage de « l'existence de Dieu dans l'homme ».

Le poète invoque le principe du karma pour une vie vertueuse et objective, car son fruit visite l'auteur. Dans les Karmas, les trois gunas – les modes de Prakriti travaillent activement pour déterminer la vérité, la pureté et la droiture (Sattvic), la passion ou l'engouement ou l'énergie (Rajas) et la léthargie ou l'iniquité (Tamas) de la nature de l'homme.

L'intérieur de l'homme est une manifestation d'harmonie et de détresse selon l'approche psychologique et les caractéristiques. La perspective de l'homme sur la vie devrait éviter l'absurde pour réagir résolument.

Le paradis et l'enfer sont des échos et des images révélant le tempérament de sa propre persona (Paradis et Enfer)

Dans l'élément identique de la sagesse, il décrit de manière épigrammatique la véritable signification de (Culpabilité). Un homme fait face à « soi-même », lorsque l'iniquité, les actes de conquête et de tyrannie, mortifient « l'équanimité » et les conseils d'Amma font des merveilles, qui (en Répudiation) dit innocemment, « Renoncez à la tromperie / Évitez la malhonnêteté. »

Le discours lyrique incite les intellects à des délibérations sérieuses sur la vie et la mort, tandis que la vertu confère de la certitude, et délibérer sur la vie avec une attitude constructive est bon. Sinon, cela devient une farce si vous parlez d'évolution fractionnelle lorsque de minuscules insectes, les fourmis, symbolisent un petit obstacle. Trouvez une solution ou sinon vous rencontrez la défaite, affirme-t-il. Un homme peut rencontrer des situations contraires dans la vie (But), mais les efforts doivent continuer pour atteindre l'objectif où les « graines karmiques » de nature sattvique sont propices à la réalisation de la véritable signification de la vie.

Pour chacun, c'est un voyage vers l'« intérieur » de l'homme, dont le doigt est tenu par l'éternelle « Amma » qui le conduit à une vie d'amour, de compassion, d'harmonie et de félicité divine en temps de catastrophe.

Les paroles sont des « Tributs à Amma »… le premier mot qu'un enfant prononce et avec lequel il meurt…

Amma existe en chacun, qu'elle soit visible ou invisible, comme si elle était le Suprême, rappelle-t-il, et cela rend l'anthologie intime, inoubliable et unique.

P C K Prem
Octobre 2020

Remerciements

L'Évangile d'Amma n'aurait pas pu voir le jour sans le soutien de mon épouse bien-aimée depuis 45 ans, Meera Chowdhry – ancienne élève du Miranda College – qui a toujours été la première à lire et à réfléchir à tout ce que j'ai écrit. Elle est un pilier de force, apportant un soutien précieux à toute la famille.

J'exprime également ma gratitude à M. P. C. K. Prem pour avoir rédigé la préface de ce livre. Prem ji (P. C. Katoch de Garh-Malkher, Palampur, Himachal Pradesh), ancien universitaire, fonctionnaire et membre de la Himachal Public Service Commission à Shimla, est un auteur distingué de plusieurs ouvrages. Titulaire d'un diplôme de troisième cycle (1970) en littérature anglaise de l'Université du Pendjab à Chandigarh, il est poète, romancier, nouvelliste, traducteur et critique de langue anglaise originaire de l'Himachal Pradesh.

Niloufer Wadia, qui a interprété chacun des poèmes de ce livre par ses illustrations, a quitté une carrière de plus de vingt ans dans la publicité pour suivre ses premières passions : les beaux-arts et l'illustration. Elle peint à l'acrylique et à l'aquarelle, et illustre dans une grande variété de styles – allant des livres illustrés pour enfants aux traités médicaux – en utilisant aussi bien les techniques traditionnelles que les supports numériques.

Enfin, j'exprime ma gratitude au Dr Rama Rao Vadapalli, VB, à la Dr S. Padmapriya, PhD, au Professeur Satya Chaitanya, à Sunil Sharma, à Neera Pradhan, au Dr Jaipal Singh, à Simi Nallaseth, au Dr Amitabh Mitra, à Rajiv Khandelwal et à Bhupinder Singh, pour avoir eu l'amabilité de relire le manuscrit. Leurs comptes rendus figurent en annexe de ce volume.

Rajender Krishan
27 octobre 2020

Préface

Comme à mon habitude, chaque fois que je suis confronté à un dilemme, j'invoque Amma (ma grand-mère paternelle – Shrimati Ratan Devi, 1900–1982). Je reçois invariablement des réponses à mes questions ainsi que ses conseils pour affronter les situations difficiles de la vie.

En hommage respectueux, ce recueil contient plusieurs poèmes où j'ai évoqué Amma avec réflexion et émotion, dans un effort de chérir ses précieux souvenirs et de rechercher son orientation toujours pertinente.

Avec révérence,

Rajender Krishan
27 octobre 2020

Quelques mots du traducteur

Il y a quelques années, Rajender Kishan avait exprimé le souhait d'avoir une version française de Amma's Gospel, après que je lui eus remis les versions marathi et gujarati.

La réalisation de la version française fut une tâche difficile, car je n'étais plus en contact régulier avec cette langue — il est rare de trouver autour de soi des personnes avec qui converser et échanger des idées.

J'avais même fait part à Rajender de mon incapacité à entreprendre cette traduction.

Plus tard, j'ai ressenti qu'il était de mon devoir de la réaliser pour le public francophone, car Amma's Gospel renferme une sagesse rare, une sagesse qui apprend à résister à l'injustice tout en demeurant pur et vertueux dans le parcours de la vie.

Ainsi, au cours de ces deux dernières années, j'ai entrepris une étude approfondie de la langue française et me suis inscrit aux cours en ligne de l'Université Numérique Française, dont j'ai trouvé le programme très utile.
Tout au long de ces études, un seul objectif m'animait : traduire Amma's Gospel en français.

Lorsque j'ai estimé avoir acquis une connaissance suffisante de la langue, j'ai décidé de me lancer dans ce travail après avoir achevé les niveaux A1, A2 et B1 du cours de français.

J'ai également étudié les ouvrages du DELF (Diplôme d'études en langue française), qui se sont révélés très précieux pour les apprenants du français.

J'espère avoir rendu justice à la traduction, tout en préservant l'esprit et le concept originaux des poèmes anglais.

Je suis profondément reconnaissant à Rajender Kishan pour la confiance et la foi qu'il a placées en moi pour cette tâche immense.

Merci.

Dr Satish Béndigiri
Pune
29 octobre 2025

L'Évangile d'Amma

Om

Énergie primordiale
Le son du silence

Om
L'unique verset
Se manifestant éternellement
L'Univers

Summary: This poem expresses the spiritual and cosmic power of Om: an original energy, at once silence and vibration, which embodies the unique verse that gives birth and form to the entire universe, eternally manifesting.

Namaste

Salutations à l'Unique
Qui imprègne tout le Cosmos

En honorant en toi cet espace
Où réside
La Cause même de la Vie

Unanimement
Nous entendons ensemble
La symphonie jouant les notes
D'amour, de lumière, de vérité, d'harmonie

Dans la solitude palpitante de nos cœurs
Vibrant et nourrissant
L'humilité, la compassion, la force d'âme

Summary: This poem offers reverence to the Divine that pervades the cosmos and dwells within each being. It speaks of honoring that sacred inner space where life originates, and of a shared symphony resonating in all hearts. The verses evoke love, light, truth, and harmony, enriching the human spirit with humility, compassion, and fortitude.

Amma ji

Amma, qui avait connu
la sujétion et l'oppression coloniales ;
avait enfin obtenu l'indépendance
pour ne devenir qu'une réfugiée,
une migrante dans son propre pays
dans l'Inde post-partition

Pourtant, toutes ces transitions brutales
ne purent ébranler sa fougue de vivre
Amma a conduit tout son clan
avec patience et résilience
simplement en étant et en faisant
ce qui devait être fait

Amma connaissait ses limites, avouant
souvent en disant « Je ne sais pas »,
mais posant la main sur sa poitrine
elle affirmait avec assurance :
« Celui qui est toujours avec moi
N'ayez aucun doute, Celui-là sait

Allant la diya pour l'Aarti quotidienne
Offrant la gratitude, cherchant la force
Amma gravait dans notre ambiance
le Principe qui, encore aujourd'hui, transforme
chaque fois qu'elle descend ma mémoire
en une époque bénie et envoûtante.

Summary: This poem pays homage to "Amma" (mother), a woman who endured colonial subjugation, the partition of India, and forced displacement, yet always demonstrated remarkable strength and resilience. She guided her family with patience and simplicity, supported by a deep faith in a divine presence that guided her. Her daily rituals and unshakable confidence left a lasting imprint, transforming every memory of her into a sacred and inspiring experience.

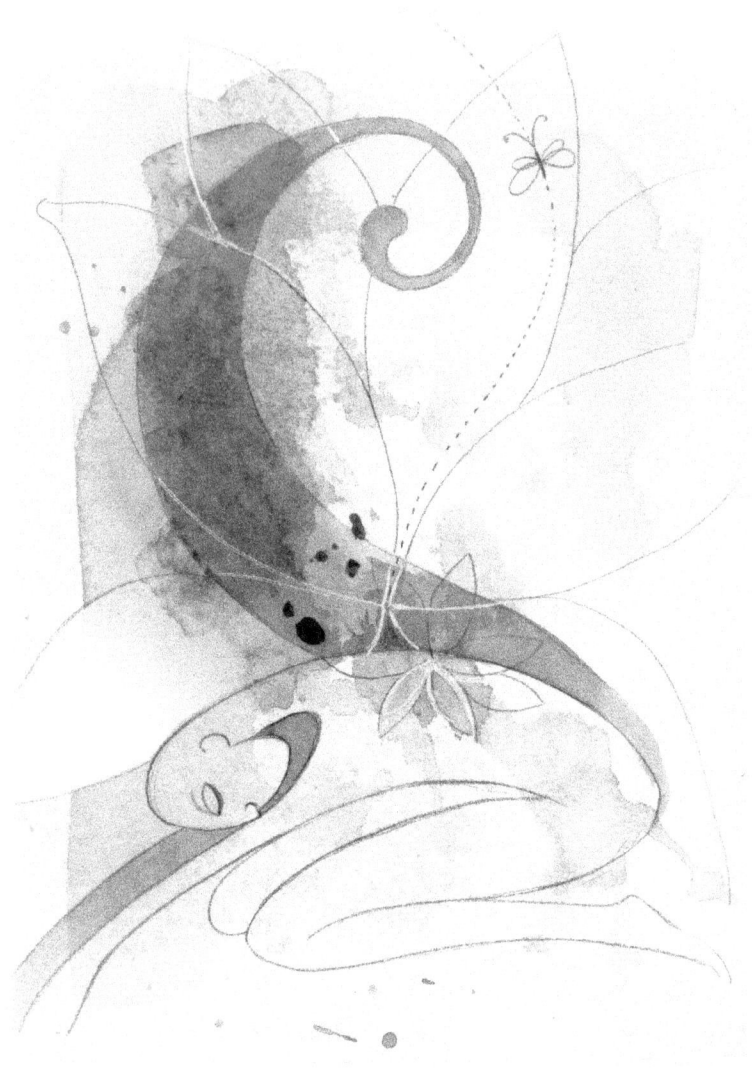

Salutations

Amma disait toujours :

Chaque fois que tu rencontres quelqu'un,
Souviens-toi de toujours le saluer
Avec un sourire
Et les mains jointes.

Moi, je protestais :

Il me suffit de dire « Salut »,
Alors tous ces gestes,
Pourquoi ?

Elle expliquait tendrement :

Prends garde
Non, plutôt, sois conscient
Chaque fois que tu dis,
Namasté

C'est un aide-mémoire,
Il t'éveille de la torpeur pour ressentir et réaliser que,
dans chaque être vivant,
Le Témoin repose dans le temple divin.

Exprimer sa gratitude
Avec une attitude bienveillante,
Ce n'est pas seulement saluer :
Devant chaque être, grand ou petit,

C'est en vérité s'incliner
Devant le Témoin
Qui pénètre tout.

Quand saurai-je apprendre ?

Summary: The poem reflects Amma's gentle wisdom: greeting others with "Namaste" is not just a formality but a reminder of the divine witness present in all beings. Through gratitude and humility, one bows not merely to people but to the universal spirit that pervades all existence.

Leela

Être conscient d'être en vie,
c'est être attentif à la respiration
qui survient sans volonté,

— semblable à un Simran —
dans un ordre bien défini
chez tout être vivant.

Qui dirige ce phénomène ?
Le Maître Marionnettiste !
Invisible et mystérieux,
comme s'il n'était nulle part,
tout en étant bel et bien ici,
toujours présent en nous,
de la naissance à la mort,

soutenant pourtant
le cosmos de la Vie.

— Dans cette Leela éternelle —
il erre à l'infini,
à la recherche du miraculeux,
ici, là-bas, et partout.
(Leela = jeu divin ; Simran, issu de "smarana" en sanskrit, désigne l'acte de souvenir continu du spirituel et de l'essence supérieure de soi.)

Summary: The poem reflects on awareness of breath as a sacred remembrance (Simran), guided by the unseen Master Puppeteer who orchestrates life. Present from birth to death, this divine force sustains existence. In the eternal divine play (Leela), the cosmos endlessly seeks the miraculous everywhere.

L'évangile d'Amma

L'évangile d'Amma était simple :

Aime-toi
en restant fidèle à toi-même.
Ne sois pas pressé de réagir :
d'abord anticipe, puis contemple, et ensuite réponds.
Suis le bon chemin,
sois heureux,
sois couronné de succès.

J'exprimais ma curiosité.

Amma développait :

Cesse de choisir
la voie de la tromperie
dans le voyage de la vie.
Le chemin de la duplicité
fait de toi ton propre adversaire
alors que tu navigues à travers
les caprices et les variables du jeu de l'existence.

Ce jeu d'illusions dresse des barrières,
te rendant prisonnier d'un passé déjà mort
qui pourtant continue de hanter,
et tu ne fais que languir de liberté,
désireux de briser tes chaînes.

Fourbe est ce jeu

qui te berne pour faire de toi
une marionnette des émotions,
une victime des désirs,
et non le maître de ton esprit.

La supercherie des jeux d'accusation
fait de toi un instrument de l'ego,
piégé, enlacé,
conduit à une intégrité factice,
à une estime de soi chancelante
incapable de se contempler elle-même.

« Alors, quel est le chemin ? » demandais-je.

Amma répondait :

Aime-toi
en restant fidèle à toi-même.
Ne sois pas pressé de réagir :
d'abord anticipe, puis contemple, et ensuite réponds.
Suis le bon chemin,
sois heureux,
sois couronné de succès.

Ai-je compris la profondeur ?

Summary: The poem conveys Amma's timeless teaching: true self-love comes from authenticity, patience, and choosing the right path. She warns against deceit, blame, and emotional bondage, which imprison the mind and weaken self-esteem. The way forward, Amma insists, is to live truthfully, respond wisely, and embrace happiness and success with integrity.

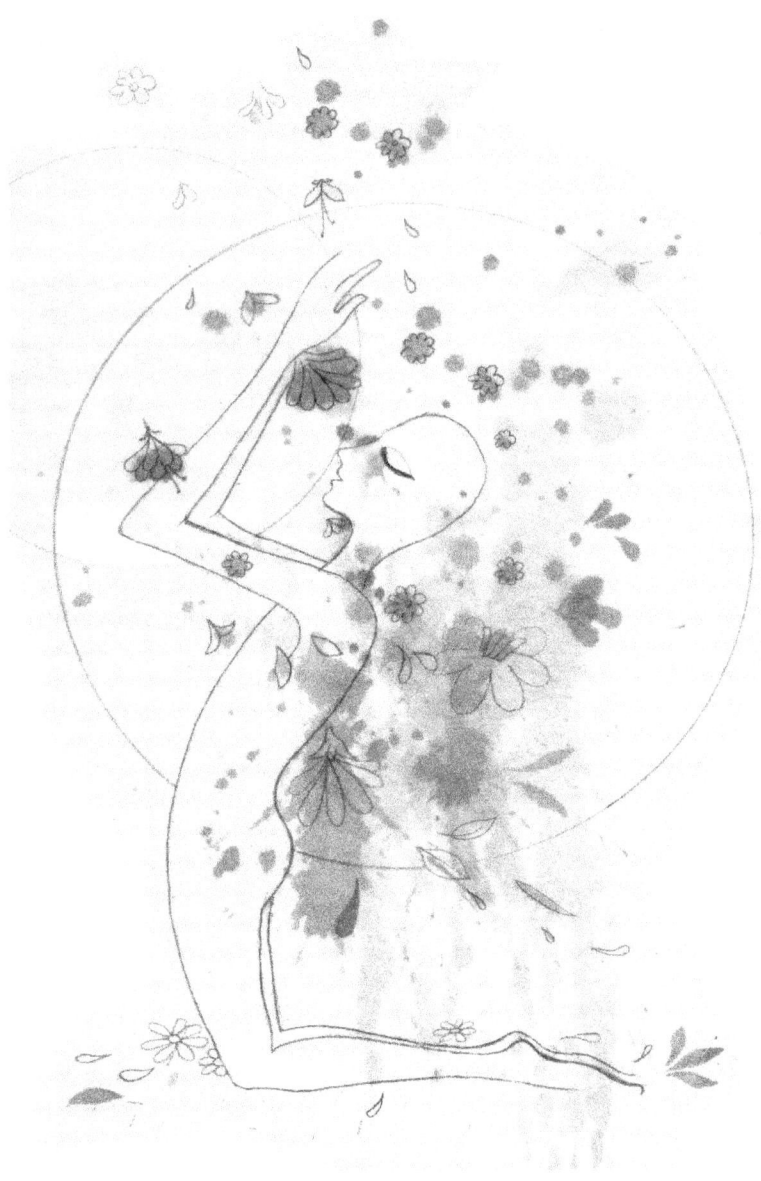

Pourquoi prier ?

Amma disait souvent :

Prie toujours.
« Mais comment prier ? » demandais-je.

Amma expliquait :

Comme un chercheur, en acceptant son ignorance.
Dans l'impuissance, en reconnaissant
que les mortels ne peuvent pas tout accomplir.
Pour acquérir un savoir qui éduque
le corps, l'esprit et l'âme.
En quête de sagesse, en avouant sa folie.
Avec gratitude, sachant que
remercier apporte la force.
Avec l'ardent désir d'être sous Sa Grâce.

« Et les richesses ? » demandais-je encore.

Amma répondait :

Il n'existe pas de plus grandes richesses que :
 l'acceptation de la Vie telle qu'elle est, faire de son mieux en tout,
 la résilience pour surmonter les épreuves, la santé pour accomplir
le but de chaque jour, la sagesse pour distinguer, le bien du mal.

Être humble et reconnaissant
dans Sa Grâce compatissante.

Avec une étincelle dans les yeux,
Amma ajoutait :

Ne convoite pas, méprise l'avidité.
Laisse les autres richesses venir à toi.
Et souviens-toi toujours :
tu ne reçois que ce que tu mérites,
uniquement quand le moment est venu.

Prions,
à la manière d'Amma.

Summary: The poem conveys Amma's wisdom about prayer: it is not about asking for wealth but about humility, gratitude, wisdom, resilience, and health. True prayer accepts life as it is and seeks divine grace. Riches, Amma teaches, are secondary—they come only when due, while the greatest wealth is to live truthfully and gratefully in His compassion.

Cyclique

Le cycle des naissances et des morts physiques,
malgré ses variations parmi les espèces,
demeure une simple partie d'un cycle plus vaste de la Nature.

Dans le parcours du cycle humain,
de la naissance à la mort, nous nous agitons sans cesse :
produire, consommer, acquérir, rejeter,
créer, procréer, bâtir, détruire…
et rebâtir encore…
Laissant finalement quelque chose derrière nous,
qu'il soit bon, mauvais ou laid,
légué à la génération suivante.

Ce qui est transmis reflète l'individualité,
à travers réussites ou échecs,
toujours enchâssés dans les normes et coutumes
du milieu social où l'individu a vécu.
Telle est la stratégie de Prakriti et Purusha :
innombrables civilisations sont apparues et disparues,
et l'homme erre encore — ici, là, partout —
à chercher le sens du grand cycle de la Nature.

Tout cela serait-il pré-écrit ?
Ou n'est-ce qu'un jeu d'attraction et de répulsion,
se perpétuant éternellement dans le cosmos
selon un plan ordonné et pourtant impénétrable,
engloutissant les lois de la physique et de la chimie

dans la danse du Sattva, du Rajas et du Tamas —
la trinité de création, de maintien et de destruction —
qui surgit sans fin de l'Énergie inconnue
aux innombrables noms ?

N'est-ce pas pour cela qu'Amma disait
que ce n'était qu'un jeu, l'inexorable Līlā

Summary: This poem reflects on the recurring cycles of life, death, and civilizations. It contrasts the human preoccupation with activity and legacy against the grand, incomprehensible cycle of Nature, governed by cosmic laws and energies. Ultimately, life itself is seen as an eternal play — the Leela

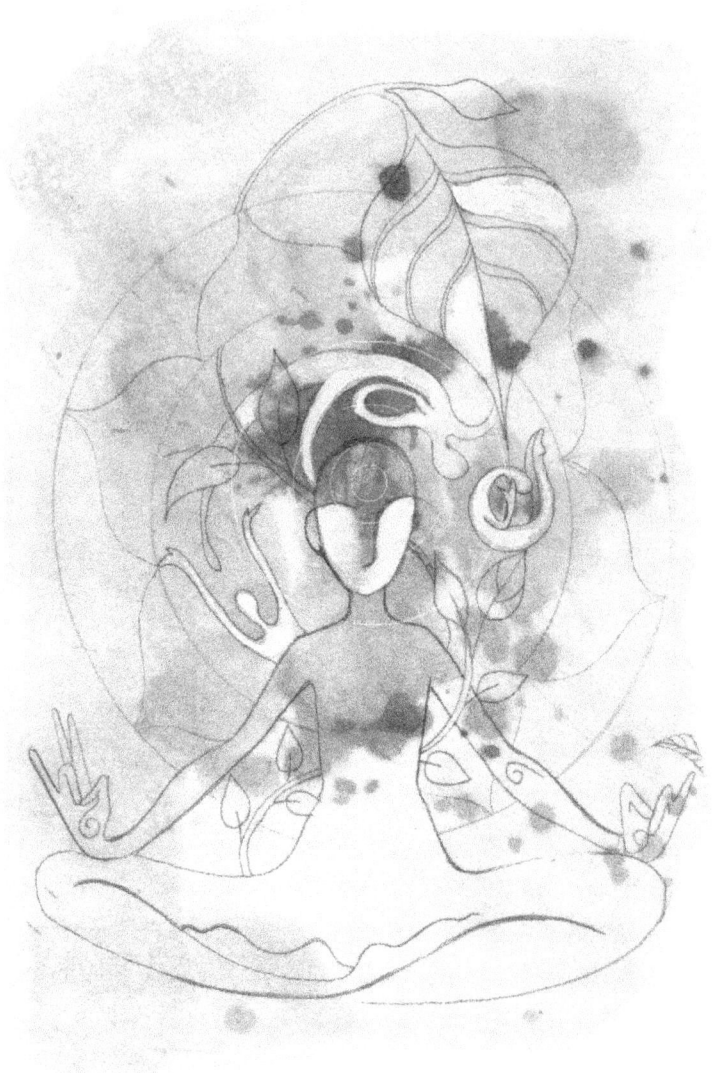

Quête

Si la vie est cyclique, un simple jeu,
une inexorable Līlā

Alors :

Quel est donc ce phénomène de naissances et de morts récurrentes
dont parlent les Écritures ?
Qu'est-ce que ce Salut que chacun désire atteindre ?

Je demandai à Amma.

Amma répondit :

Tant que l'on vit physiquement, chacun traverse, sans volonté propre,
des millions de cycles microscopiques
du prodige de la naissance et de la mort.
La plupart demeurent inconscients de cette merveille.

Quoi ? dis-je, déconcerté.

Amma expliqua :

Entre deux battements de cœur,
incarnant naissance et mort,
se trouve ce minuscule espace qui renferme le cosmos,
où la Vie règne majestueusement,
sous d'innombrables formes et impulsions.

Souviens-toi :
la Vie est dans l'Instant, dans la causalité du présent.
Ni dans le passé, ni dans l'avenir.

Sois silencieux et écoute
ce que la Vie veut te dire.
Médite sur l'expérience,
ne t'attache pas,
plonge simplement,
deviens le Témoin,
et relâche-toi.

Et après ? demandai-je, bouleversé.

Amma poursuivit :

Alors…
Il n'y aura plus rien à savoir.
Rien à gagner, rien à perdre.

Tous les débats conceptuels
sur la naissance, la mort, les cycles, le salut,
le connu et l'inconnu,
s'ajourneront et se fondront
dans l'abîme du silence.

La Līlā continuera sa marche,
avec l'éclat et la radiance
de sa propre gloire.

Amma suggéra :

Essaie !
… et la quête se poursuit …

Summary: This poem explores the nature of life, death, cycles, and salvation. Amma explains that in every heartbeat lies a birth-death cycle and within its interval, the cosmos itself. True life exists in the present moment, beyond attachment, debate, or concepts. In silence, one becomes the witness. The play of existence — the Leela — continues with its eternal radiance, while the seeker's quest carries on.

Mot

Amma passait beaucoup de temps avec nous...

Quand moi, mes frères, sœurs et cousins grandissions,
lors d'une réunion d'été,
Amma eut une idée.

Elle dit :

Fermez vos yeux Visualisez l'eau Concentrez-vous ...
silence, un bref intervalle ...
Puis racontez Ce qui surgit ?
Je commençai à décrire, instantanément, des flots
d'images :
Jal, eau, soif, nuages, éclairs, tonnerre, pluie, ondée,
ruisseau,
source, puits, lac, étang, rivière, poissons, tortues,
nage,
barrages, inondations, marées, océan ...
Ah oui, baignade, lessive, cuisine, nettoyage, hygiène,
linge ...
Et bien sûr, liquides, jus, fruits doux, acides,
savoureux,
et mon délice estival préféré ... la pastèque.
Et je m'arrêtai ... haletant.

Amma réfléchit :

Voyez comme un mot se révèle !
Quel que soit le mot,

ses multiples couches cachées
s'entrelacent à d'autres mots,
s'élargissant à jamais comme l'arbre de vie.
Parmi toutes ces images,
ce qui attire le plus
reflète les affections personnelles,
et ainsi s'éveille dans l'esprit
pour se transformer en rêve,
fantaisie, aspiration, but,
objectif à atteindre,
ami à chérir,
amant à embrasser,
ennemi à écraser,
chant à fredonner,
rythme pour danser,
voie pour rester sain, heureux et en harmonie.

Un seul mot, et tant de choses apprises.
Imaginez si l'on médite sur le Mot des mots ;
ne trouverait-on pas la clé
pour libérer le potentiel suprême en soi,
qui renferme l'existence absolue ?

Depuis ce jour, émerveillé,
je reste encore bouleversé.

Summary: The poem recalls Amma guiding the children to meditate on a single word: water. From that one word, countless images and associations unfold—practical, emotional, and symbolic. Amma teaches that every word holds layers of meaning, connecting endlessly to others, shaping dreams, goals, and life's rhythm. Ultimately, contemplating the Word of words can unlock the deepest potential and reveal absolute existence.

Amma

Les berceuses d'Amma :
Assurément rappelant jusqu'à ce jour ces vibrations dévotionnelles qui même aujourd'hui consacrent

L'éducation d'Amma :
Grandir au-delà du parent devenir sage et fort être vivant, pour vivre avec assurance

Les parathas d'Amma :
Un goût inoubliable rappelant de bien mâcher de ne pas être mangé avec précipitation

L'ordre d'Amma :
Affronte l'intimidateur carrément règle les comptes dehors avant de rentrer à la maison

La famille d'Amma :
Aimer, en étant vrai envers soi-même devenir capable d'envelopper tout le monde dans ton étreinte

La générosité d'Amma :
Se sentir riche en partageant – La vie lègue abondamment à celui rempli de sollicitude

La spiritualité d'Amma :
Aime-toi immensément en pardonnant lors de la prise de conscience des erreurs involontaires

Le mysticisme d'Amma :

La mort est inévitable dors avec gratitude pour l'aube ultime

---

Summary: The poem recalls different aspects of Amma — her lullabies that still consecrate with devotional vibrations, her nurturing that encourages wisdom and strength, her unforgettable parathas teaching patience, her command to face bullies bravely, her family love rooted in truth, her generosity that makes life abundant, her spirituality that teaches self-love and forgiveness, and her mysticism that embraces death as a final dawn with gratitude.

Prendre soin

Quand je grandissais
Amma était ma préférée
le refuge fiable

Toujours posée portant
un sourire angélique, elle rencontrait
avec des bras grands ouverts

Toujours prête à étreindre
envoyant des sentiments de sécurité
impartissant une confiance abondante

Ses gestes renforçaient
un sentiment d'appartenance
et un engagement attentionné

Formulant une orientation de
l'unification de la triade d'aspiration,
d'inspiration et de transpiration

S'absorber dans le processus
d'activité, et chérir la
vertu du travail bien fait

Summary: The poem celebrates Amma's caring presence during childhood. She was a dependable refuge, always poised with an angelic smile and open arms, ready to embrace with safety and confidence.

Her gestures created belonging and commitment. She guided by uniting aspiration, inspiration, and perspiration, and taught the joy of immersing in activity while cherishing the virtue of a work well done.

Guérison

Depuis que le Corona
a levé sa tête spectrale
pour une danse macabre
au son du pandémonium,
provoquant mort et désordre,
tout le monde vit dans l'angoisse.

Exaspéré et impuissant,
cherchant un refuge,
j'ai invoqué Amma
à maintes reprises, me demandant
comment elle aurait affronté
cette situation incertaine.

Chaque fois, l'évangile d'Amma, résonne comme un baume thérapeutique :
Souviens-toi toujours, mais ne crains pas Yama, car la mort est inévitable.
Connais et suis Yama, les Sutras de Patanjali, sur la maîtrise de soi.
La situation exige, une discipline rigoureuse, plus que jamais auparavant.

J'entends Amma redire :

 Aime-toi, en restant fidèle à toi-même.

Les sutras sont des aphorismes :

Être : pur, dévoué, content, honnête, bienveillant, loyal, non-violent, persévérant, équilibré et tolérant.

Ne pas être : trompeur, avide ou voleur.

Summary: The poem "Healing" reflects the emotional turmoil brought on by the COVID-19 pandemic — fear, confusion, and helplessness. In seeking solace, the poet turns to Amma, whose teachings bring calm and guidance. Amma's wisdom reminds us that death (Yama) is inevitable but not to be feared; instead, one must live by Yam, Patanjali's principles of self-control and moral discipline.

The poem concludes that true healing comes through self-love, integrity, and adherence to virtues like honesty, kindness, patience, and non-violence, while avoiding deceit and greed — a spiritual prescription for inner peace amid chaos.

Lien

Ses yeux profonds parlent,
transmettant tant à entendre,
chaque fois que je contemple son image
sépia, effacée par les années.

Je m'efforce simplement de déchiffrer,
puis je cherche des mots
pour exprimer ce que j'entends
dans la sérénité de son silence.

Summary: The poem reflects on a faded sepia image of a woman, where her deep eyes silently communicate profound emotions. The speaker struggles to interpret and give words to the silent connection, finding meaning in her serene silence.

Estime

Il aboya, elle entendit.
Son silence, il le ressentit.
Intrigué, il questionna,
Elle demeura muette.

Pour elle, le respect
des préceptes de la dignité
était bien plus important
que de gagner une dispute.

Summary: The poem highlights a contrast between aggression and quiet strength. While he barked and questioned, she chose silence—not from weakness, but from a higher respect for dignity, showing that true esteem lies in valuing principles over arguments.

Maturité

Chaque fois qu'elle parlait,
c'était une expression pleine de grâce.
Ses sentiments pensifs
étaient compris avec tendresse.

Ce qui demeurait inexprimé
était sa simplicité,
profondément gravée par
un invisible degré de discrétion.

Summary: The poem portrays a woman whose words were always graceful, and whose unspoken thoughts revealed humility and depth. Her maturity lay not only in what she expressed but also in her silent discretion, quietly shaping her presence.

Compassion

Les gens enracinés
dans l'unité des valeurs familiales
comprennent que
la charité de la bonté,
de la tolérance et de l'amour
commence à la maison.

Ceux qui ne le comprennent pas
finissent dans une antagonisme malveillant,
détruisant d'abord eux-mêmes,
puis les familles, s'étendant
aux clans, aux amis, aux sociétés
et même aux nations.

Summary: The poem stresses that compassion, kindness, tolerance, and love originate within the family. Those who neglect this truth breed hostility, ultimately destroying themselves and causing ripples of destruction across families, communities, and even nations.

Destination

Mon père disait toujours :

J'ai tenu ta main et je t'ai appris à marcher ;
Un jour,
quand tu deviendras père, toi aussi tu feras de même.

Mais souviens-toi toujours
d'émuler simplement, et non de répliquer,
car ma guidance n'est qu'un chemin,
pas la destination.

Avec le temps qui change, les chemins changent aussi,
et si tu découvres une voie différente et progressif
pour atteindre la destination, abandonne simplement la mienne.

N'impose pas à tes enfants
tes empreintes, tes règles et tes critères,
offre-leur simplement une main secourable,
pleine d'amour sincère et de motivation,
afin qu'ils goûtent à la Liberté
de marcher sur un chemin qui les mènera
à la destination.

Être parent n'est rien d'autre qu'un chemin
qui change de génération en génération,
mais jamais la destination.
La destination est toujours l'émancipation du Soi.

Summary: The poem conveys a father's wisdom about parenting and life. A parent provides guidance, but that guidance is only a path, not the ultimate destination. Each generation must find its own way, adapting to changing times, while ensuring children grow in freedom, love, and self-discovery. The true destination is always the emancipation of the self—living authentically, responding with reflection, and walking the right path toward happiness and success.

Équilibre

Celui qui sait comment,
quand et quoi dire,
où et pourquoi se taire,
grandit dans l'humilité, fort
pour dompter les chevaux sauvages
galopant sur l'hippodrome de l'esprit.

Une telle maîtrise permet
aux murmures de la conscience
d'être entendus clairement,
avec une lucidité des risques et des récompenses,
pour une exécution sage des actions
dans chaque poursuite de la vie.

Elle rejette les impressions dérangées
qui provoquent des illusions douloureuses.

Summary: The poem describes poise as the art of knowing when to speak and when to remain silent. Through humility and self-control, one learns to master the restless thoughts of the mind. This balance enables the inner voice of conscience to be heard clearly, guiding wise actions and dismissing harmful illusions that lead to distress.

Shiva

Rivière dans les tresses
Flammes dans les yeux
Nectar sur le croissant
Poison dans la gorge
Cendres sur le corps
Réjouissances avec les fantômes…

Serpent en collier
Trident cosmique
Énergie vibrante
Damru palpitant

Images rivalisant
Forces opposées
Typifient la diversité
Coexistant vivantes par
l'union divine de
Nataraja dansant.

Summary: The poem evokes Shiva in vivid symbolic imagery: his hair like rivers, eyes aflame, poison in his throat, and ashes on his body. The "Necklet Serpent," cosmic trident, and pulsating damru symbolize divine energy. Opposing forces coexist harmoniously, illustrating the dynamic, diverse, and sacred dance of Nataraja, the cosmic Lord of Dance.

Patience

Peu importe ce qui
doit être fait,
cela requiert d'être accompli
avec humilité, attention
et engagement bienveillant,
semblable à la dévotion
de Nandi le taureau
assis à l'extérieur
du temple de Shiva
avec une patience intense.

Summary: The poem emphasizes that any task, no matter how big or small, should be performed with humility, focus, and caring commitment. It draws a parallel to Nandi, Shiva's devoted bull, who waits patiently outside the temple, embodying steadfast forbearance and devotion.

Aujourd'hui

Aujourd'hui
est inimitablement
une journée merveilleuse.

Récapitulant
la continuité et
la fragilité de la vie,

Offrant une fois de plus
l'occasion d'apprécier
ce qui est devant nous maintenant,

Affirmant qu'il n'y a pas
de meilleure raison
pour expérimenter la vie.

Summary: The poem celebrates the uniqueness of today, reminding us of life's fragility and continuity. Each day offers a fresh opportunity to appreciate the present moment, affirming that there is no better reason to truly experience life than now.

Le Présent

Avant que la cognition ne se produise
ou que l'expression n'ait lieu,
Maintenant – l'instant
s'échappe,
un autre chapitre s'ajoute
à l'époque de la vie.

Lié
par les limites de
Temps, Espace et Causalité,
la perception du présent,
don naturel de Dieu,
reste perpétuellement camouflée
dans les ombres diurnes.

Transcendez les limites ;
éliminez les ombres
et expérimentez
Maintenant comme l'Éternité…

Ainsi proclament les Maîtres :
Quand apprendrai-je à
vénérer ce don ?

Summary: The poem reflects on the elusive nature of the present moment. Bound by time, space, and causation, the gift of now often slips unnoticed into life's continuum. By transcending these limits and dispelling distractions, one can experience the present as eternity. The Masters remind us to learn reverence for this divine gift.

Maintenant

Probablement, le vrai maintenant
est un immense vide
ou un trou noir
aspirant le futur simultanément
et le convertissant en passé,
à redouter ou à glorifier,
pour satisfaire ses propres
perceptions et croyances intellectuelles.

La vie se vit en effet
en apprenant, bon ou mauvais,
du passé
et en s'inquiétant
ou en rêvant
au futur lointain.

Hélas ! Le présent, qui
semble apparemment
témoigner et
expérimenter,
reste insaisissable.

Comment peut-on
vraiment se retrouver face
au maintenant,
qui paraît un instant fugitif
et qui est pourtant une éternité
en lui-même ?

Summary: The poem reflects on the paradox of the present moment. While life is shaped by learning from the past and anticipating the future, the now itself remains elusive. It poses a profound question: how can one truly confront the present, fleeting in appearance yet eternal in essence?

Imprévisible

Imprévisible, et pourtant merveilleuse,
est la splendeur ondoyante de la vie,
extatique dans sa majestueuse danse,
mystérieuse et envoûtante,
aux mélodies inexplicables qui

flattent, séduisent, attirent, troublent,
ravissent, captivent, hypnotisent,
tentent, persuadent, forcent, trompent,
embrassent, acceptent, résistent, rejettent,
forment, soutiennent et détruisent ;

créant une énigme complexe et fascinante,
pour que l'homme, ad infinitum
étonné et bouleversé,
continue d'explorer sa sagesse infinie,
demeurant chercheur pour toujours…

Summary: The poem celebrates the paradox of life—its unpredictability, allure, and eternal rhythm. Life, personified as a mysterious feminine force, both creates and destroys, seduces and resists, leading humankind into an endless journey of wonder and seeking. It portrays existence as a divine, cyclical play that keeps us forever curious and spiritually awake.---

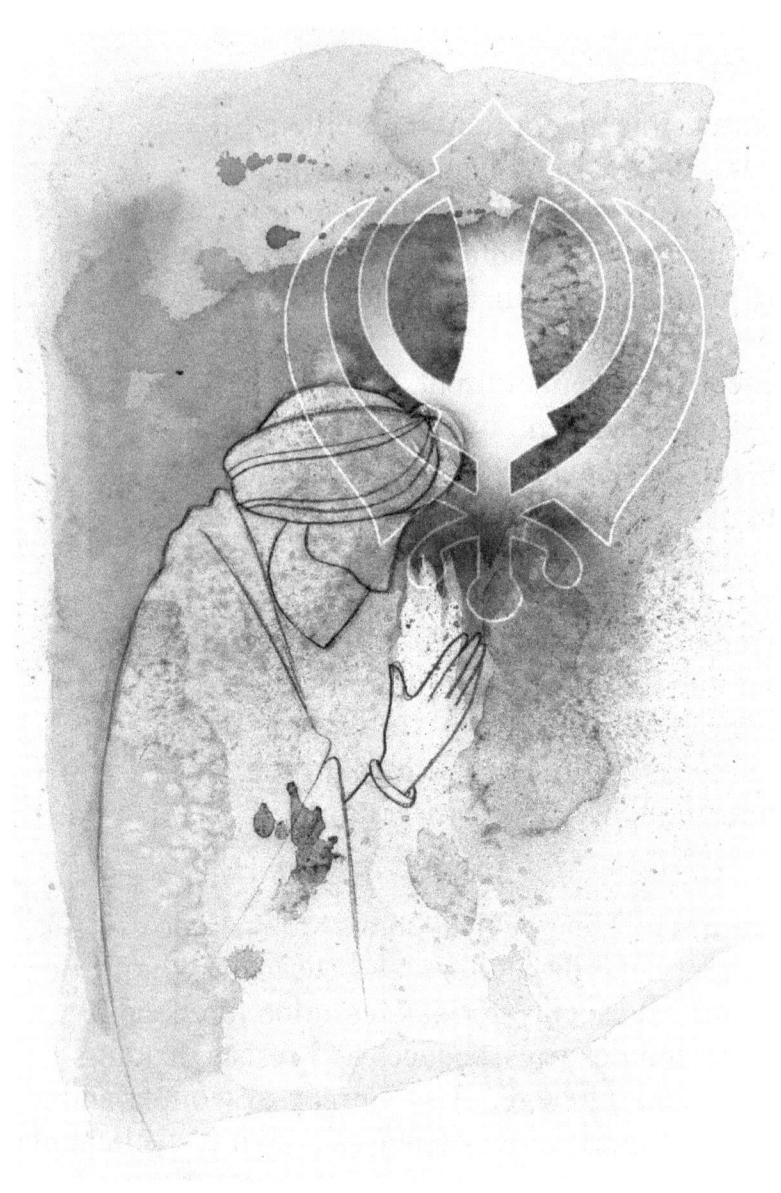

Gurdwara

De ce côté de la porte, il y a « Moi »
De l'autre côté, il y a le « Suprême »

Le Guru se tient à la Porte

Méfie-toi des imposteurs !
Reste vigilant, sois conscient
N'aie pas peur,
car

Le Vrai Guru ne ménage personne
Le Guru détruira
ton bien le plus précieux —
l'Ego

Es-tu prêt ?

Si oui :

Tu franchiras la Porte (dwar)
et deviendras Un avec l'Unique
Le « Moi » cessera d'être
Même le concept de « Dieu »
s'évanouira

La réalisation,
l'accomplissement,
— ne sera rien d'autre que —
l'énergie primordiale,

le son du silence

Ik Onkar Satnam

Un — Énergie Primordiale — Vérité Suprême, *Ik Onkar Satnam* sont les trois premiers mots du *Moolmantra* (le prologue) du *Japji Sahib* de Guru Nanak.

Summary: The poem reflects a profound journey of spiritual awakening at the threshold of divine realization. The Guru stands as the guide at the Gate, urging the seeker to shed ego — the last barrier between the self and the Supreme. Crossing the *dwar* signifies dissolving individuality into oneness, where even the idea of "God" transcends into pure, primordial energy — the eternal sound of silence. The poem concludes with *Ik Onkar Satnam,* the essence of Sikh philosophy: One Universal Truth.

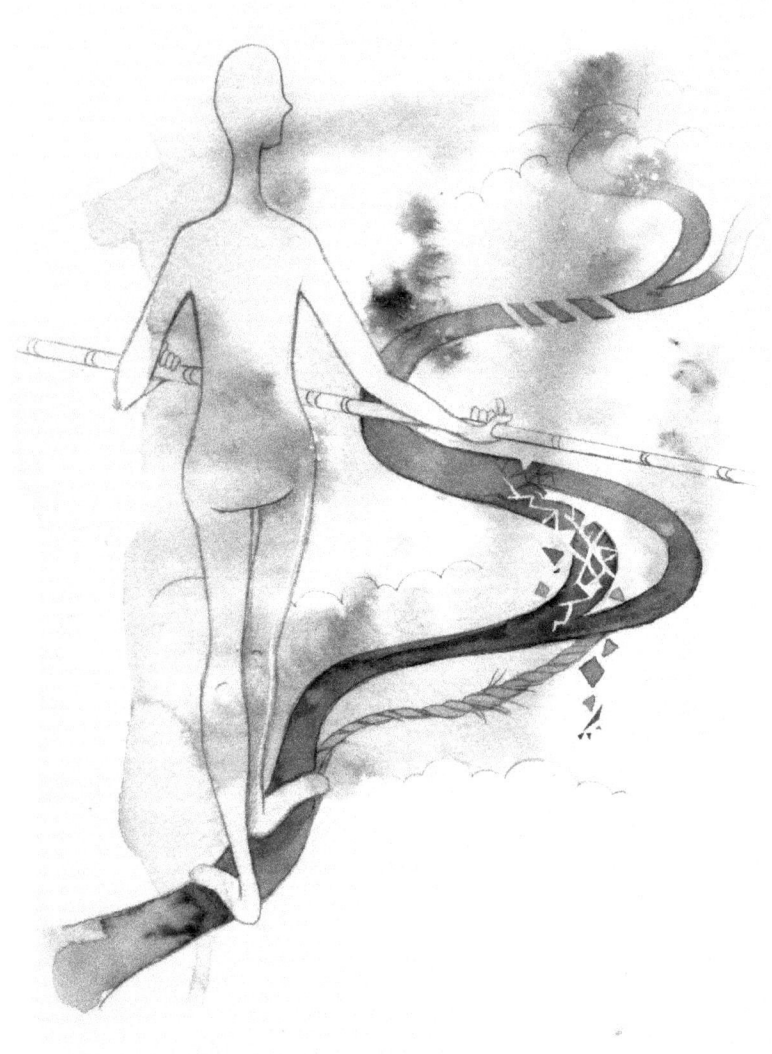

Marches

Le premier pas
marque le commencement
du voyage

Chaque pas suivant,
posé avec grâce,
d'une intégrité digne,
d'une empathie aimante,
d'une foi courageuse,
d'une patience vaillante,
transforme, par intuition,
le chemin choisi
en direction précise.

Malgré
les défis des saisons,
les reproches du monde,
les doutes changeants,
les heurts et les chocs
rencontrés
en chemin,

Merveilleuse
est l'expérience,
quand l'esprit attentif
ressent la proximité
de la destination.

Continue d'avancer,

la fin est proche.

Jai Ho !

Summary: The poem portrays life's journey as a sequence of purposeful steps taken with grace, integrity, empathy, and courage. Each mindful step transforms the traveler's path into a clear direction despite challenges and doubts. As awareness deepens, the seeker senses closeness to the goal. The poem ends with an uplifting affirmation — "Jai Ho!" — a victorious call celebrating perseverance and the nearing fulfillment of one's journey.

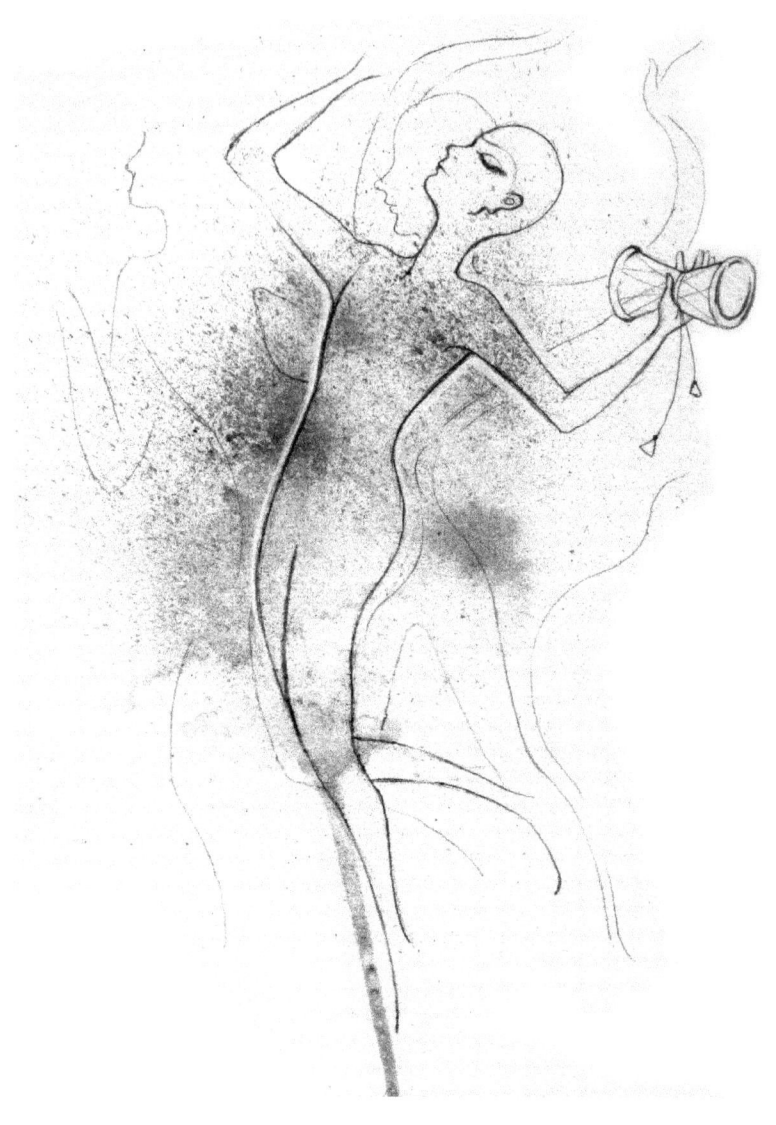

Dévotion

Celui qui est au-delà de l'infini,
pénétrant le cosmos,
demeure mystiquement invisible.

Le pinceau échoue à le peindre,
et le lexique faillit
misérablement à l'exprimer.

Pourtant, l'ineffable
érige des ponts
d'interaction.

Par des liens inconscients
de soupirs, de sourires, de rires
et de larmes versées.

Cette lucidité comblée
ou cette folie paisible
sont des esprits énigmatiques.

Dans la soumission sacrée,
l'être se remplit
d'une béatitude débordante.

Summary: The poem expresses that the Supreme — beyond infinity and unseen — cannot be described by art or language. Yet, silent emotions like smiles, sighs, and tears connect the human soul with the divine. In humble surrender, one attains an overflowing sense of bliss that transcends reason and intellect.

Nature

Une merveille inhérente
de chaos illusoire
est la logique de la nature,
où la Terre, tournant sur son
propre axe, gravite autour
du Soleil, relativement immobile.

Ce mouvement perpétuel engendre
la routine circadienne
du jour et de la nuit,
comme une éternelle récurrence,
manifestant ainsi
la vie des saisons cycliques
dans les paires d'opposés.

L'amour et la haine,
le paradis et l'enfer,
la joie et la tristesse,
la naissance et la mort,
comme l'avers et le revers
d'une même pièce.

On s'émerveille de cette dualité
qui révèle la singularité
de l'Unité dont parlent les Gurus

Summary: The poem reflects on the inherent logic within nature's seeming chaos. The Earth's ceaseless motion around the Sun creates the cycle of days, nights, and seasons — symbols of life's eternal rhythm. Through pairs of opposites such as joy and sorrow, love and hate, the poem uncovers the profound truth of unity beneath all dualities — the Oneness that enlightened Gurus speak of.

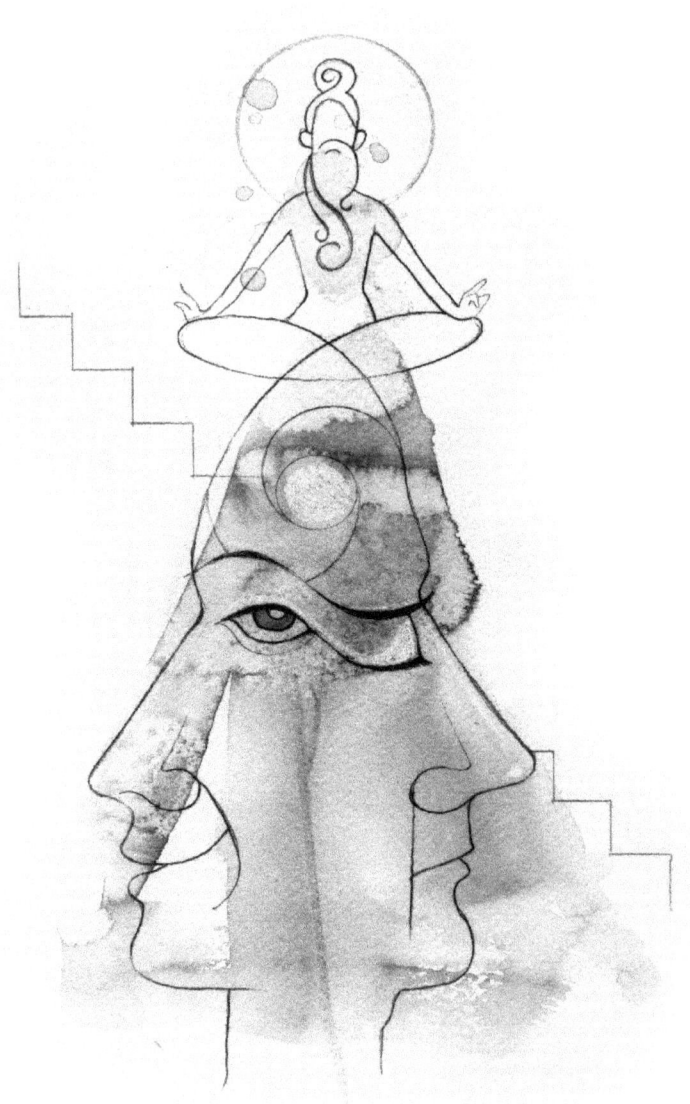

Le Mystique

Le rat de bibliothèque peut manquer
les nuances des mots
écrits ou prononcés ;
le mystique entend le silence.

Des réactions spontanées et biaisées
jaillissent librement
des pseudo-critiques ;
le mystique demeure calme.

L'egoïste doit argumenter
avec férocité pour prouver son point,
cachant la culpabilité et la cupidité ;
le mystique sourit avec sagesse.

La jeunesse agit avec dynamisme,
ambitieuse et vibrante,
exerçant sa volonté ;
le mystique triomphe de tout.

Le désir pousse à apprendre
pour accumuler quelque chose ;
le mystique, en désapprenant,
évolue pour atteindre le néant.

Summary: The poem contrasts worldly traits with mystical wisdom. While the intellectual, critic, egoist, and ambitious youth are driven by noise, argument, and desire, the mystic transcends all — hearing silence, remaining calm, smiling wisely, and ultimately evolving through unlearning. True enlightenment, it suggests, lies not in gaining more, but in arriving peacefully at nothingness.

L'Impetus

Ceux qui sont responsables
de bousculer
les conditions problématiques
sont en fait des catalyseurs divins,
déclenchant sans relâche
les étincelles de la motivation.

Reconnaissant un tel élan,
celui qui ne se laisse pas intimider,
mais accepte les défis surgissants
et s'efforce avec dévouement
de surmonter les obstacles,
est en vérité
le véritable *Karma Yogi*

Summary: This poem maintains the philosophical essence — that adversity and conflict often arise not as curses, but as divine impulses that awaken human willpower. Those who recognize this impetus and meet challenges with faith and effort embody the spirit of a Karma Yogi, acting selflessly and steadfastly on the path of duty.

La Vie

La vie est la seule constante
qui change sans cesse

Ce mot de quatre lettres
renfermant une vibrance dynamique,
mystérieusement déroutante,
lorsqu'on y médite,
se déploie uniquement
pour extrapoler distinctement
la perception individuelle —
comme prix ou pénalité —
avec un portrait unique chaque fois,
illustrant l'expérience
de la transformation
intérieure et extérieure.

Contemple et transcende
en découvrant
l'essence de la Vie.

Quelques connotations:

Le labeur est le plus noble effort.
La lacune est un vide éternel.
Le dernier est le premier sortant.
Fustiger, c'est une émotion ardente.
Se lamenter est une vaine entreprise.
La défaillance est un échec expiré.
Le rire est un exercice joyeux.

Moins, c'est s'enrichir justement.
Être léthargique, c'est perdre l'enthousiasme.
La léthargie, c'est renforcer les erreurs.
La vie est plutôt facile.
La vie est pour tous.
La vie est furtivement énigmatique.
L'idée lumineuse est une énergie puissante.
Vis dans la pleine illumination.
Vis intelligemment, sens-toi libéré.
L'idée vive vise la fin fixée.
Vif à l'intérieur, pleinement énergisé.
Le désir intérieur nourrit l'appétit.
La solitude intérieure alimente l'énigme.
La solitude, c'est renoncer à l'extase.
Le butin est un surplus frauduleux.
La tradition est une éducation populaire.
Perdre son individualité, c'est fracturer l'ego.
Perdu dans un effort futile.
L'amour enflamme une ardeur brûlante.
L'amour implique une énergie fondamentale.
L'amour est tendrement énergisant.
L'amour est une expérience fantastique.
L'amour pardonne sans fin.
La luxure est une intrusion impure.

… et, en dépit de toutes les déductions,
la Vie — l'éternelle mystique —
poursuit sa route
avec son propre énigme
de paradoxes, de devinettes et de puzzles,
en myriade de teintes

de caprices et de variables.

Summary: This poem reflects life as a paradoxical continuum — ever-changing, mysteriously revealing, yet constant in its quest for inner and outer transformation. The connotations unfold like philosophical echoes on each aspect of life, love, and human essence, ending with the affirmation that Life, the eternal mystic, keeps moving in its own wondrous rhythm.

Transitoire

Tout ce qui peut être
vu et touché
n'est qu'une simple configuration
des cinq éléments.

Tout ce qui peut être
mesuré, pesé et compté
est, par sa constitution même,
voué à l'anéantissement final.

Ainsi, tout ce qui existe
n'est qu'une expérience
du corps sans cesse changeant
de la Vie elle-même en transit.

C'est une catastrophe funeste
pour ceux qui gémissent et renient,
mais pour les êtres vifs et insouciants,
c'est une raison de célébrer.

Summary: This poem is deeply philosophical, flowing like a verse from the Upanishads. It conveys that all tangible existence — everything measurable or perceptible — is but a fleeting arrangement of the five elements, destined to dissolve. Yet, for those awakened to the flow of Life in transit, transience becomes not a tragedy but a celebration — a dance of impermanence.

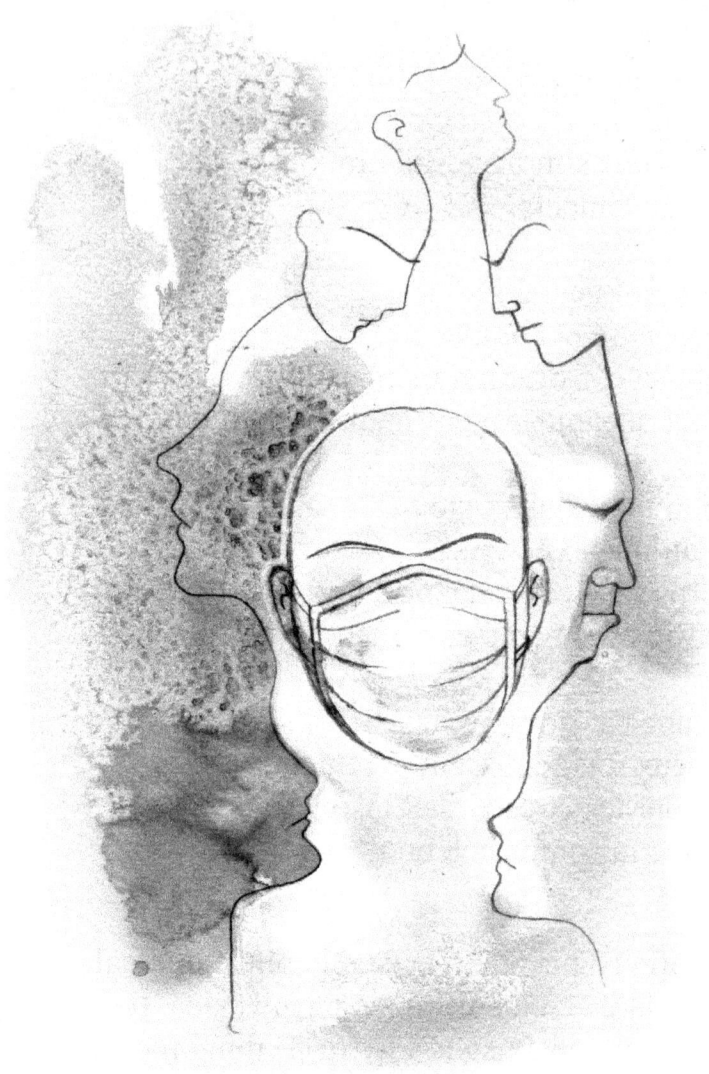

Fais-le

Le plus jeune se demande
quoi faire et pourquoi le faire.

Le jeune sans emploi,
sans la moindre idée,
se demande comment le faire.

L'homme d'âge mûr, frustré,
trop occupé, n'a pas le temps de le faire.

Les octogénaires marmonnent :
« Pas besoin de le faire. »

Incapables de gérer
la pandémie et la distanciation sociale,
les dirigeants déconcertés tonnent :
« Ne parle pas, fais-le simplement ! »

Summary: This poem carries a sharp social pulse beneath its humor, blending irony, wisdom, and truth and retains the wit and social commentary — showing how each stage of life finds a different excuse or confusion around action. While the young wonder, the old dismiss, and the powerful dictate, the underlying message stays timeless: action itself is the essence — don't talk, just do it.

Indépendance

Comprendre
l'Espace, l'Air, l'Eau, le Feu, la Terre
être conscient
de la dépendance de toute forme
à ces éléments
pour acquérir une existence

Offrir de la gratitude à tous
connus et inconnus
passés et présents
car sans dépendre d'eux
on ne peut obtenir
l'essentiel pour vivre
et célébrer la vie

Se soumettre en toute humilité
au Témoin intérieur
le seul Souverain
imperturbable et libre
comme le concept éternel
de l'indépendance.

Summary: The poem's central idea is true independence is found not in solitude, but in acknowledging our profound dependence on the universe and others for life, and then surrendering to the carefree, eternal witness within.

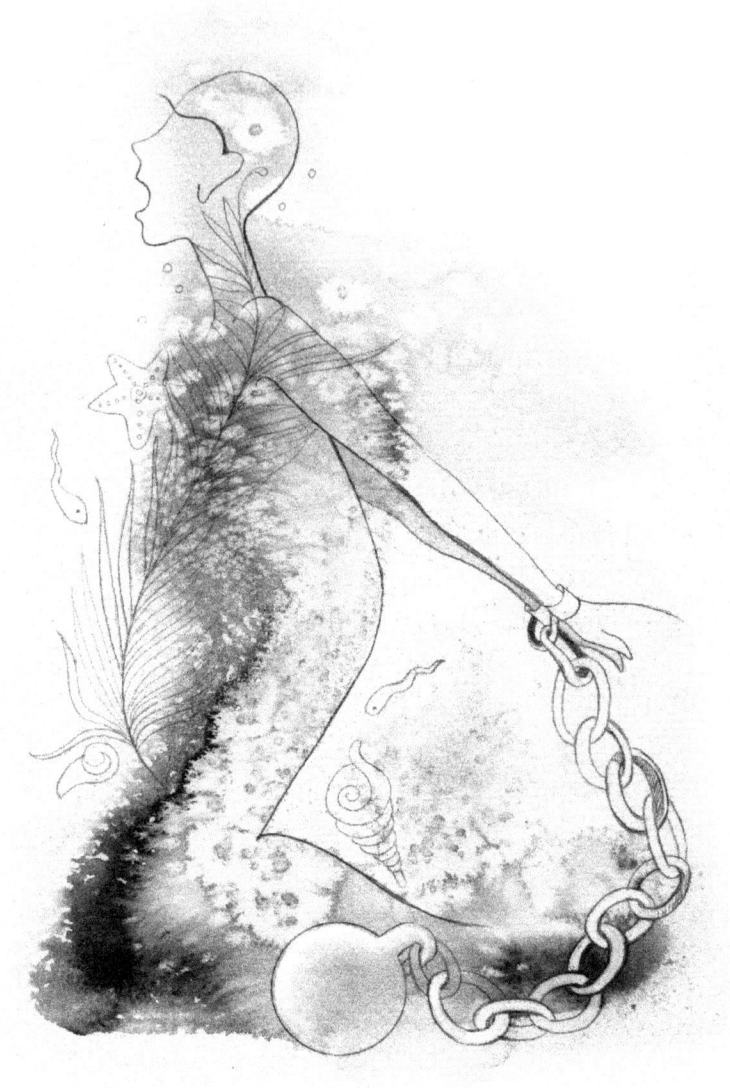

Observation

Les bases fonctionnelles sont sacrées
et sont demeurées inchangées
depuis que l'homme a commencé
à marcher sur la Terre.

Le paysage terrestre, tous les quelques milles,
change de topographie, stimulant
la distinction sociale, culturelle et dialectale.

Chacun sait, reconnaît
et admire les différences évidentes,
tout en proclamant l'unité dans la diversité.

Une déclaration rationnelle et sage,
peut-être un prérequis
à la croissance évolutive de l'humanité.

Pourtant, cet édit est sans cesse trahi
et menacé de destruction
par la crise d'identité de l'homme.

L'histoire abonde en actes brutaux
qui exploitent les particularités
avec préjugé, haine et manipulation.

La tendance continue encore aujourd'hui,
profanant le Jardin d'Éden
au nom d'un Dieu unique et inconnu.

Est-ce là une stratégie permanente,
conçue par quelques seigneurs de guerre
qui usent de l'exploitation et de la tyrannie
pour jouer aux jeux du pouvoir ?

On se demande s'il existe
quelque chose de plus honteux pour l'humanité
que ces instincts cruels et bestiaux.

Rien d'étonnant, alors,
si le mystique erre !

Summary: The poem "Observation" reflects on the paradox of human evolution: while humanity claims unity in diversity, it repeatedly falls victim to division, prejudice, and power struggles. The poet laments how sacred functional basics remain constant in nature, but mankind's identity crises and lust for dominance desecrate harmony, even in the name of God. The mystic, disillusioned by this endless cycle, chooses to wander — in search of truth beyond human folly.

Māyā

Ce qui
n'était pas hier,
mais est aujourd'hui,
et ne sera pas demain,

si ce n'est pas supercherie
– une illusion –,
alors, qu'est-ce donc ?

Summary: The poem "Māyā" contemplates the fleeting nature of existence. What appears real today but vanishes tomorrow reveals the essence of illusion — the impermanence of all things. The poet questions the very reality of our perceptions, hinting that life itself may be the grandest illusion of all.

Feuille

L'automne vit
mon corps vert jaunir,
et, portée par le souffle du vent,
je partis vers
un nouveau voyage.

L'arbre, mon père,
m'ayant nourrie,
debout majestueux
et silencieux,
ne me retint plus.

J'étais parvenue à maturité,
capable d'embrasser
les gouttes de rosée
et de danser
avec les brins d'herbe.

Finalement, devenir poussière
et me dissoudre
dans l'étreinte éternelle
de la Terre-Mère —
est-ce dissolution,
mort ou vie ?
Peut-être le chemin
que nous cherchons... le Nirvana.

Summary: The poem "Leaf" beautifully personifies the life of a leaf as a metaphor for the human soul's journey. Falling from the tree, the leaf moves from growth to detachment, acceptance, and ultimate unity with nature. Its transformation into dust is not mere death but a return to the source — a serene merging with Mother Earth, symbolizing Nirvana, the liberation that transcends life and death.

Détachement

Le détachement,
c'est la capacité d'éteindre,
de se déconnecter à volonté
de toute action, et simplement d'être
avec le soi intérieur,
se détendant et savourant
le plus grand spectacle magique
de l'instant —
en demeurant immobile et silencieux.

Écoute attentivement les vibrations
pour saisir le message
qui révèle le quand,
le où, le comment et le pourquoi
de ce qui doit être accompli
afin de nourrir les racines,
et, régénéré, accomplir
le but de sa vie.

Quel que soit ce plan originel,
accepte-le avec gratitude et humilité,
mets-le en œuvre et grandis avec lui, en harmonie,
car le dynamisme *karmik*
doit rester sans souci.

Summary: The poem "Detachment" portrays a serene state of inner mastery — the conscious ability to pause, disconnect, and be at peace within oneself. Through silence and stillness, one perceives the subtle guidance of life's vibrations, revealing purpose and timing. Acceptance and humble action, in harmony with one's karmic path, form the essence of true spiritual freedom — the art of being involved yet untouched.

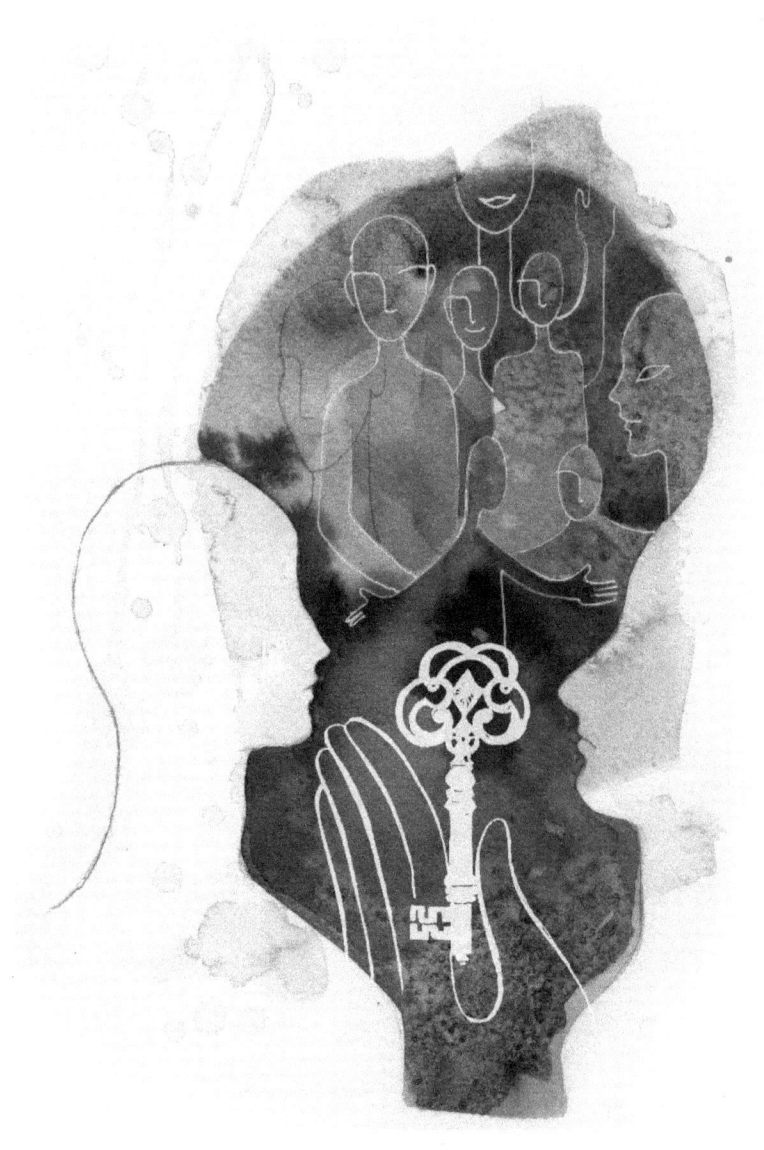

Paradis et Enfer

Rentrant chez soi
après des jours de labeur…

Si l'on est accueilli
par des étreintes et des sourires,
le doux foyer devient le paradis,
reflet des vertus
et des bonnes actions.

Mais si l'on est grondé,
ignoré, rejeté —
le logis misérable devient enfer,
miroir de la cruauté,
de l'immoralité et des fautes.

Car le ciel et l'enfer
ne sont que des échos, des images
révélant le tempérament
de notre propre âme.

Summary: This poem contrasts heaven and hell not as distant realms but as emotional reflections of our own behavior. A home filled with love and warmth becomes heaven; one filled with anger and neglect turns into hell. In the end, both are mirrors of our inner self — the temperament of one's own persona.

Culpabilité

L'activité est inhérente
tant que l'on est vivant.
Veille à ce qu'aucune action
ne laisse de regrets coupables
au fil de la vie.

Honte, infamie, disgrâce —
ces démons piquent l'âme.
Pénitence, repentir, excuses
ne font qu'un pansement temporaire
sur les plaies du remords.

Summary: This poem reflects on the inevitability of action while urging moral awareness. One should live so that no deed leads to guilt. Shame and disgrace torment the soul, and though repentance and apology may soothe the pain, they only offer temporary relief — not a true cure for a guilty conscience.

Répudiation

Les gains obtenus
par la soumission, la répression,
les complots ou les manigances
à des fins égoïstes
ne durent jamais longtemps
et troublent la paix intérieure.

L'histoire révèle
des rois opulents
et maints corrompus,
enfermés dans leurs palais,
luttant avec effroi
contre leur propre malveillance,
incapables, hélas,
de revendiquer leur âme.

Amma insista :
Renonce à la tromperie,
fuis la duplicité.

Summary: This poem denounces all gains achieved through deceit, oppression, or manipulation. Such victories are fleeting and destroy one's inner balance. History shows that even the mighty and the corrupt, despite their wealth, end up imprisoned by their own evil, unable to find peace within. Amma's wise counsel — to renounce deceit and avoid crookedness — stands as the timeless path to true integrity.

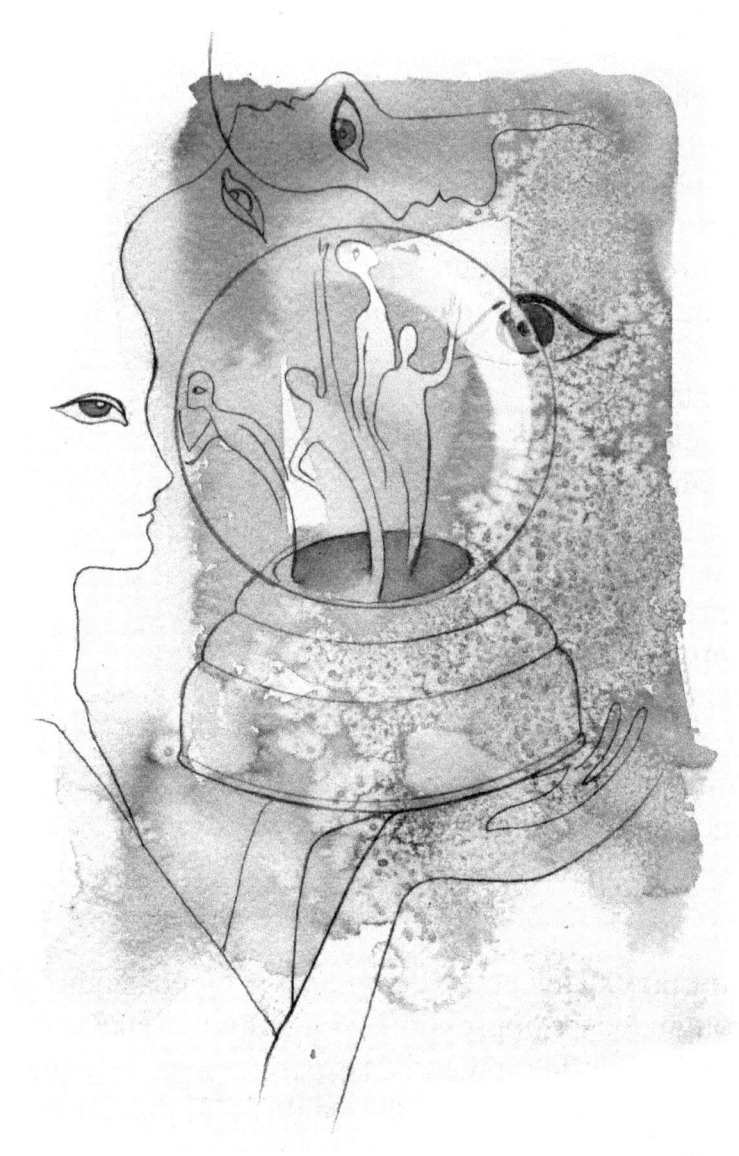

Réflexion

Sois un observateur attentif,
regarde avec objectivité
la parade des fourmis,
traçant et retraçant
leurs routes et leurs terrains.

Tu découvriras un réseau partagé,
capable et uni,
sachant surmonter les obstacles
rencontrés sur son chemin.

Note les points remarquables,
juge ensuite le manuscrit :
efface le superflu,
purifie et confirme
la note finale.

Alors l'idée surgira,
vivante et précieuse,
digne d'être proclamée
comme une idéologie
à poursuivre et explorer.

Et tandis que la parade,
dans toute sa splendeur,
continue de défiler,
elle glorifie le style de vie
et le règne de l'unité.

Summary: This poem likens observation and reflection to studying the disciplined march of ants. By observing their unity and perseverance, one learns to refine thoughts — deleting the unnecessary and perfecting the essence. From such mindful contemplation, a noble idea is born, vibrant and worthy of pursuit, while nature's pageantry continues to exemplify harmony and collective strength.

But

Quel que soit le métier,
des carrefours surgissent,
offrant des options contradictoires.

Si déconcertant que ce soit,
c'est la raison sous-jacente
qui inspire ou dissuade.

Un but altruiste pousse
aux efforts légitimes et constructifs,
tandis que la vanité
engendre la fraude.

Il est probable que la cause elle-même
façonne génétiquement
et engendre le chemin
qui sera inévitablement choisi,
pour le meilleur ou pour le pire,
comme la graine karmique

semée aujourd'hui pour germer demain
en un fruit mérité —
récompense ou châtiment.

Summary: This poem reflects on the guiding force behind every human choice. At every crossroad, our true purpose — whether noble or vain — shapes the direction we take. A selfless aim inspires honest action; vanity leads to deceit. Ultimately, the cause itself sows the karmic seed whose fruit, whether sweet or bitter, becomes the natural outcome of our intent.

Renoncement

Avec l'âge qui avance,
le corps se délite,
mettant en lumière
la fragilité de la vie.

Alors vient la réalisation,
et le retrait commence
des rivalités futiles
et des ambitions avides.

Dans une gratitude sereine,
on accepte ce que la vie lègue,
se libérant du fardeau
des désirs et aversions.

Sans crainte de la perte,
ni souci du gain,
l'être s'immerge
dans la pure détente,
jusqu'à la fin des vacances terrestres.

Summary: This poem beautifully captures the quiet wisdom of aging. As the body weakens, awareness deepens — leading to withdrawal from worldly rivalries and greed. Acceptance replaces desire, and gratitude becomes the guiding light. In this state of serene detachment, one rests peacefully, unafraid of loss or gain, until life's journey — the great vacation — gently concludes.

Aperçus

Des Souvenirs, de la Sagesse et de la Bénédiction

Certaines formes de vie ne périssent jamais !

Elles continuent de parler à ceux qui les cherchent à travers l'épais voile du temps et de l'espace ; la solidité de la physicalité et de l'au-delà ; une voix désincarnée entendue distinctement d'un lieu profond ; un être d'autres dimensions, lieux, royaumes, télécommuniquant depuis un autre médium - l'autre côté de la vie, cette fois, sous forme d'énergies transformées d'un autre type.

Rajender Krishan, un Indo-Américain établi à New York à la réussite reconnue, confronté à des dilemmes existentiels, recherche sa Amma ji qui, selon sa confession candide ailleurs dans ce grand recueil de poèmes, continue de le guider à sa manière grand-maternelle depuis l'au-delà.

Maintenant, le poète en lui souhaite partager les insights acquis avec les lecteurs d'un monde du nouveau millénaire aux prises avec des réalités politiques difficiles et des vérités qui peuvent être très déstabilisantes pour les croyants de l'éthique et de la démocratie libérale en tant que récits cadres de la fonctionnalité et du progrès civilisationnels. Même autrement, de nombreux défis surviennent lors d'un court périple humain sur la terra firma - et lorsque les cadres existants

échouent à enthousiasmer et guider la conduite quotidienne
de la société et de l'individu, l'esprit en quête de réconfort et
de résolution cherche des réponses
aux mêmes questions.

Ce livre illustré de moments de questions
venus du cœur fournit quelques réponses sous une forme lyrique
qui a son propre flux, son rythme et sa cadence interne. Des mini
gemmes. Des pépites de mots inspirants d'un homme enraciné
dans son héritage et enclin aux aspects spirituels
des phénomènes, explorant chaque facette de
l'expérience vécue.

Rajender Krishan est libre du
fourniment académique - du lourd fardeau des théories et
des écoles - et apparaît comme une voix rafraîchissante
à l'ère de la poésie FB où, malheureusement, tout est permis
sans régulation, au nom du vers libre et de la poésie
blanche - des mots enfilés ensemble, au mieux, et
éminemment oubliables, comme une vidéo virale, un tweet ou
une image Instagram. Peut-être est-ce conçu
uniquement pour cela.

Les offres de RK sont d'une simplicité trompeuse dans un tel paysage - mais, en réalité, très profondes !

Sa poésie défie l'amnésie collective
imposée par une société médiatique qui cherche à abrutir
la culture et son expression à travers l'art.

Ici, certaines vérités profondes sont abordées avec
la facilité d'un artiste Zen.

Veuillez regarder, s'il vous plaît, cette observation d'une
grand-mère d'humeur radieuse :

Entre les battements de cœur
incarnant la naissance et la mort
se trouve le minuscule espace
renfermant le cosmos
où la Vie vit majestueusement
sous d'innombrables formes et impulsions

Souviens-toi,
La Vie est dans le Maintenant
de la cause et de l'effet
Ni dans le passé ni dans le futur

Sois Silencieux et Écoute
Ce que la Vie veut dire
Médite sur l'expérience
Ne t'attache pas

Immerge-toi simplement
Devient le Témoin
Détends-toi.

L'Évangile d'Amma est rempli de commentaires surprenants

sur les mystères de la vie, de la mort, de la cessation, de la renaissance

de différentes sortes… et de mots chargés qui possèdent une étrange luminosité propre grâce à l'interaction avec les Écritures Saintes et qui indiquent une conduite juste.

Après avoir lu ces poèmes, le lecteur se sent comblé, élevé et revigoré !

Et c'est la tâche primaire de toute philosophie et de tout art - le changement vers une forme de cognition supérieure.

C'est une poétique épistémologique dans son impact fondamental et son affect global, administrée subtilement à la conscience du récepteur - une poésie qui guide comme un trésor de sagesse et de bénédiction divine.

Poésie et philosophie ; moralité et esthétique croisées.

C'est la vie qui vous parle à travers une femme sage et un auditeur respectueux dans un mode de souvenir/recherche, d'une présence dans une absence, capturant les moments furtifs, les dialogues, en vers - les mots jaillissent comme une nouvelle source d'un cœur meurtri.

De souvenirs et de leur pertinence durable. Du passé dans le présent ; du présent dans le passé. De la recherche d'un gourou - et d'obtenir les bonnes réponses. D'une grand-mère, morte/vivante :

Ses yeux profonds parlent, transmettant beaucoup à entendre

chaque fois que je vois sa sépia pâlie d'il y a des années

Je m'efforce simplement de déchiffrer puis j'essaie de trouver les mots

pour articuler ce qui est entendu dans la sérénité de son silence

Lisez - et soyez illuminés !

C'est de la pure méditation !

Sunil Sharma, Éducateur, Écrivain, Critique, Mumbai

***

Perle Rare

Chaque poème de L'Évangile d'Amma est une perle rare, le fruit de la sagesse et de la connaissance des sages des écritures – barattées, filtrées par l'expérience, ciselées, et enveloppées dans la nouveauté du vocabulaire pour le bénéfice de l'humanité. Écrit pendant la pandémie persistante de Covid-19, Rajender Krishan fait preuve d'une compréhension limpide des complexités de la vie en s'élevant vers des royaumes supérieurs en se remémorant Amma dans la méditation.

En un mot, Amma ji est une étoile polaire guidante, une enseignante, une figure maternelle universelle prête à tenir la main pour naviguer à travers le labyrinthe de la vie.

Neera Pradhan, Enseignante et Conseillère, Bhubaneswar

***

Spiritualité et Dévotion

Notre religion est basée sur une tradition, un système prudent et délibérément réfléchi. Le commencement commun d'une prière sacrée est maatru devo bhava, pitrudevo bhava, aacharyadevo bhava et atidhi devo bhava. Cela a commencé chez les êtres humains depuis des temps immémoriaux.

La première lecture de L'Évangile d'Amma nous fait penser au Blaise Pascal du XVIIe siècle, et à ses Pensées et aux Maximes de La Rochefoucauld. Ceux-ci et le poète contemporain pensent profondément et avec une grande introspection. Les processus de pensée des trois sont les mêmes, ou du moins, similaires.

La spiritualité et la foi vont de pair. Elles sont suivies conformément aux règles et instructions édictées par les parents et surtout par leurs mères. D'où le guide suprême qu'est la mère, maa. Les enfants suivent en obéissant à la mère.

Ce livre court, mais des plus importants, est la consignation des processus de pensée qui tournent autour de la Mère. En le lisant avec attention et lenteur, nous sommes sûrs de regarder en nous et autour de nous, escaladant les sommets de la dévotion et des voies supérieures et des principes idéaux de la vie et du vivre.

Les constantes confabulations de Rajender dans L'Évangile d'Amma nous mènent dans la bonne direction.

Dr. Rama Rao Vadapalli, VB, Auteur, Solapur.

***

Une Sagesse Intemporelle

Amma qui a inspiré ces poèmes est une héritière de la sagesse intemporelle de la féminité, de la force de l'Inde éternelle et de la compassion qui coule de notre âme si seulement nous pouvons immobiliser un instant nos esprits, obsédés par la course au monde extérieur. Sa sagesse se trouve dans chaque poème. Ce n'est pas Amma qui enseigne à son petit-fils, mais les âges révolus qui impartissent leur sagesse à un âge qui a perdu le contact avec la sagesse de l'Âme Suprême.

L'Évangile qui commence par une invocation à Om et se termine dans la Renonciation est un voyage dans la sagesse immémoriale de la terre où sont nés les Vedas et les Upanishads, une terre qui depuis leur époque est passée par le feu flamboyant de tant de souffrances qui a remodelé cette sagesse en pépites d'intelligence quotidienne qui rendent la vie digne de la source sacrée dont elle a émané.

Prof. Satya Chaitanya, Éducateur et Formateur en Entreprise, Jamshedpur.

***

Pépites de Sagesse Universelles et Intemporelles !

« L'Évangile d'Amma » contient l'essence de toutes les valeurs héritées par le poète, Shri Rajender Krishan, de sa grand-mère paternelle, qui ont une signification Universelle et Intemporelle. Les quarante-cinq poèmes soigneusement emballés, remplis de rythme, d'esthétique, d'intensité et d'imagerie, accompagnés d'illustrations lumineuses, sont des cadeaux aimants pour la postérité. Les poèmes, remplis d'espoir et de valeurs indiennes traditionnelles, qui constituent la sagesse des grands sages à travers les âges, sont sûrs de guider la jeunesse grandissant dans un monde accablé et tendu, rempli d'animosité, de maladie, de confusion et d'un manque de compassion, pour faire face aux défis de la vie et avancer sur le droit chemin.

Dr. S. Padmapriya, PhD, Universitaire, Auteure, Bengaluru

***

Amma Personnifiée

Rajender Krishan a très justement baptisé le livre « L'Évangile d'Amma », indiquant la connaissance sacrée transmise à travers 45 poèmes. La simple et dévote Amma ji me rappelle Lord Krishna lorsque, parmi tant d'autres leçons de vie, elle dit à son jeune et vulnérable petit-fils de « Affronter l'intimidateur carrément, régler les comptes dehors avant de rentrer à la maison ». De même, sa foi impeccable se reflète quand elle dit : « Celui qui est toujours avec moi ; N'aie aucun doute, Celui-là Sait ». La vie d'Amma est un paradigme de vraie connaissance et de vie éthique.

J'ai thoroughly apprécié la lecture du livre.

Dr. Jaipal Singh, Éducateur, Haut Fonctionnaire, Conseiller en Entreprise, Lucknow

***

Amma Appartient à Tous

Le livre de poèmes de Rajender Krishan, L'Évangile d'Amma est spécial, son contenu touche les nombreux cieux auxquels nous aspirons, la vérité céleste que nos mères ont instillée en nous. Pendant ces temps turbulents de 1947, c'est Amma qui a dirigé la famille de Rajenderji en sécurité à Delhi et les a enrichis de compréhension, de pardon et de la conscience de se connaître soi-même. Chacun de nous a une Amma en lui, profondément enfouie, qui vient à notre rescousse dans la maladie et le malheur. Amma est l'entité spirituelle qui revendique le cœur et l'esprit dans notre voyage sur terre. L'esprit et l'espace de l'humain sont les royaumes où vit l'esprit ancestral, rendant l'aura enveloppante et protégeant le corps humain même pendant le sommeil et inconscient dans notre vie quotidienne. Amma de Rajenderji nous appartient à tous, dans les galaxies où nous fusionnons finalement tous, dans sa bonté suprême, elle est dispersée apportant bonheur et santé mentale à toute l'humanité.

Dr. Amitabh Mitra, Chirurgien Traumatologue / Poète, East London, Afrique du Sud

***

Le Battement de Cœur d'Amma

Un grand être a dit un jour « un mystique ne voit rien d'autre que Dieu ». En lisant L'Évangile d'Amma, j'ai senti une véritable gemme luminescente avec des relents de Dieu. Alors que je contemplais les vers, j'ai senti la présence chaleureuse d'Amma m'embrasser et lentement et délicieusement, sa douce sagesse a fait surface, comme un sourire invisible sous les mots, chuchotant tendrement la vérité éternelle - Ek Onkar. Et alors que je permettais aux belles visions de Rajender de m'illuminer, elles m'ont conduit dans ce silence unique où toute recherche de sens disparaît, dans le Maintenant toujours présent - le battement de cœur d'Amma.

C'est le pouvoir de la poésie de Rajender. Il vous mène droit à votre cœur, à vous. Alors que les mots deviennent conscience à l'intérieur, vous expérimentez la réalité vers laquelle Amma et lui pointent - Aime-toi en étant fidèle à toi-même. L'Évangile d'Amma est précieux. Il est plein d'émerveillement, de simplicité et d'harmonie, révélant des secrets intemporels du soi. Écrits comme des sutras, les illuminations de Rajender inspirent la dévotion et le silence. Ici, l'âme est libre de découvrir ses raisons d'être.

Simi Nallaseth, Scénariste / Réalisatrice, Mumbai.

***

Guide Pertinent

C'était la tâche de nos mères et grands-mères d'antan, qui ouvraient leur malle pleine de folklore chargée de la sagesse sacrée des sages pour façonner la conscience morale et enseigner aux enfants avec un «

guide pertinent » sur la façon de gérer les conflits humains fondamentaux, les désirs et les relations de manière véridique. L'Évangile d'Amma fait exactement cela en transmettant les « perles de sagesse » que Rajender a imprégnées d'Amma ji.

Ce recueil est un incontournable car chaque poème est une révélation, une source de leçons de vie et de valeurs culturelles. Comme une écriture religieuse, plus on lit, plus on peut trouver des indications qui peuvent façonner positivement sa personnalité.

Rajiv Khandelwal, Entrepreneur, Auteur, Poète, Agra.

***

Hommage à Amma

L'isolement social forcé par le Corona a rendu les gens déprimés, anxieux, avec une recrudescence des problèmes de santé mentale. Mais Rajender, avec ce recueil de poèmes, a partagé un autre aspect, où les temps d'arrêt sont devenus un temps créatif en le canalisant pour une entreprise poétique. En un temps incroyablement court, nous avons assisté au déploiement d'un geyser de flux de son cœur, qu'il a capturé sur papier en hommage à Amma. Les sages paroles de sa grand-mère – Amma, ont aidé l'enfant dans sa croissance et son développement, et maintenant les paroles de cet enfant devenu grand, sous la forme de ce bouquet de collection poétique d'un cœur reconnaissant est une offrande dévotionnelle imprégnée de crainte, constitue un hommage à Amma.

Bhupinder Singh, auteur de Humility: A Spiritual Journey and Why Are We Here? Houston

***

À Propos du Poète

Né en 1951, Rajender Krishan (alias Raj Chowdhry), l'éditeur de Boloji, a été éduqué à Bal Bharati et à l'Air Force School, et après sa matriculation de PU, Chandigarh, a obtenu son diplôme de l'Université de Delhi. Il a une vaste expérience dans l'aviculture, la publicité, les ventes et le marketing, la reproduction d'antiquités et le conseil en immobilier. En 1989, il a émigré à New York, USA, avec sa femme Meera Chowdhry et leurs deux enfants.

Aujourd'hui grand-père, Rajender Krishan croit en la liberté d'expression et est un admirateur de Kabir. Il est passionné par la Poésie, la Photographie et l'Art Visuel. Il aime partager ses pensées avec des centaines d'écrivains – poètes, journalistes, romanciers, critiques et artistes – through son site web Boloji.com qu'il a créé en 1999.

***

À Propos du Poète

Né en 1951, Rajender Krishan (alias Raj Chowdhry), l'éditeur de Boloji, a été éduqué à Bal Bharati et à l'Air Force School, et après sa matriculation de PU, Chandigarh, a obtenu son diplôme de l'Université de Delhi. Il a une vaste expérience dans l'aviculture, la publicité, les ventes et le marketing, la reproduction d'antiquités et le conseil en immobilier. En 1989, il a émigré à New York, USA, avec sa femme Meera Chowdhry et leurs deux enfants.

Aujourd'hui grand-père, Rajender Krishan croit en la liberté d'expression et est un admirateur de Kabir. Il est passionné par la Poésie, la Photographie et l'Art Visuel. Il aime partager ses pensées avec des centaines d'écrivains – poètes, journalistes, romanciers, critiques et artistes – through son site web Boloji.com qu'il a créé en 1999.

Après avoir acquis une vaste expérience dans le domaine des ressources humaines (RH) du secteur corporatif, le Dr Satish Béndigiri s'est tourné vers le monde de l'enseignement.

Il a commencé sa carrière comme chargé de cours, puis a obtenu un doctorat (Ph.D.), un diplôme essentiel dans le milieu universitaire, avant d'exercer les fonctions de directeur dans plusieurs instituts de management à travers le Maharashtra. Il a également obtenu les niveaux de français A1, A2 et B1 auprès de l'Université Numérique Française.

Le Dr Béndigiri a écrit abondamment sur divers sujets, dont plusieurs articles sont publiés sur le portail Boloji.com.

Ses ouvrages en anglais consacrés au développement et à la formation des ressources humaines, ainsi que ses œuvres traduites et littéraires, sont disponibles à la vente sur Amazon.

Boloji

Depuis 1999, Boloji.com est une plateforme ouverte, présentant le travail d'écrivains amateurs et professionnels du monde entier, y compris des romanciers, poètes, journalistes, médecins éminents et bien d'autres.

Voulez-vous Boloji ?

Nous vous écoutons.

www.boloji.com

Rajender Krishan, connu sous le nom de Raj Chaudhary, résidant à New York, aux États-Unis, a publié il y a deux ans un recueil de poèmes intitulé "Amma's Gospel" (L'Évangile d'Amma). Ce recueil est né de son imagination pendant la période où la maladie du coronavirus semait la terreur dans le monde entier. L'auteur s'est demandé comment sa grand-mère aurait réagi et apporté un remède préventif face à cette crise. Dans ce livre poétique, il exprime la manière dont elle aurait affronté l'incertitude et la tragédie engendrées par la pandémie.
Rajendra Krishna a fondé en 1999 le portail Boloji.com, dont il est depuis le fondateur et rédacteur en chef.

Après avoir acquis une vaste expérience dans le domaine des ressources humaines (RH) du secteur corporatif, le **Dr Satish Bendigiri** s'est tourné vers le monde de l'enseignement.
Il a commencé sa carrière comme chargé de cours, puis a obtenu un doctorat (Ph.D.), un diplôme essentiel dans le milieu universitaire, avant d'exercer les fonctions de directeur dans plusieurs instituts de management à travers le Maharashtra. Il a également obtenu les niveaux de français A1, A2 et B1 auprès de l'Université Numérique Française.
Le Dr Bendigiri a écrit abondamment sur divers sujets, dont plusieurs articles sont publiés sur le portail Boloji.com.
Ses ouvrages en anglais consacrés au développement et à la formation des ressources humaines, ainsi que ses œuvres traduites et littéraires, sont disponibles à la vente sur Amazon.

www.ingramcontent.com/pod-product-compliance
Lightning Source LLC
Chambersburg PA
CBHW061323040426
42444CB00011B/2741